Ingo Brinker | Kathrin Haag

Anmeldepflichten nach § 39a GWB

Fusionskontrolle unterhalb der Aufgreifschwellen

 Nomos

Onlineversion
Nomos eLibrary

Die Deutsche Nationalbibliothek verzeichnet diese Publikation in
der Deutschen Nationalbibliografie; detaillierte bibliografische
Daten sind im Internet über http://dnb.d-nb.de abrufbar.

ISBN 978-3-8487-8487-5 (Print)
ISBN 978-3-7489-2867-6 (ePDF)

1. Auflage 2021
© Nomos Verlagsgesellschaft, Baden-Baden 2021. Gesamtverantwortung für Druck
und Herstellung bei der Nomos Verlagsgesellschaft mbH & Co. KG. Alle Rechte, auch
die des Nachdrucks von Auszügen, der fotomechanischen Wiedergabe und der Über-
setzung, vorbehalten. Gedruckt auf alterungsbeständigem Papier.

Vorwort

Die vorliegende Abhandlung beschäftigt sich mit § 39a GWB, der mit der 10. GWB-Novelle in das Gesetz gegen Wettbewerbsbeschränkungen aufgenommen wurde. Mit der Vorschrift wurde das Instrumentarium der deutschen Fusionskontrolle um ein weiteres, bisher unbekanntes Element ergänzt und erweitert. § 39a GWB räumt dem Bundeskartellamt die Befugnis ein, einzelnen, von der Behörde individuell herausgehobenen Unternehmen für die Dauer von drei Jahren die Verpflichtung aufzuerlegen, jeden Zusammenschluss der betroffenen Unternehmen mit anderen Unternehmen in einem oder mehreren Wirtschaftszweigen beim Bundeskartellamt anzumelden, selbst wenn die in § 35 GWB normierten Anwendungsvoraussetzungen der deutschen Fusionskontrolle nicht erfüllt sind. Diese Verpflichtung, die das Bundeskartellamt dem betreffenden Unternehmen durch Verfügung auferlegen kann, greift nicht nur in gravierendem Maße in die Rechtspositionen des betroffenen Unternehmens ein und bedarf daher der besonderen Rechtfertigung. Sie weicht auch in erheblichem Maße vom Regulierungsansatz ab, der den Vorschriften der deutschen Fusionskontrolle bisher ohne erkennbaren Dissens zugrunde lag.

Bemerkenswert ist vor allem der Umstand, dass der deutsche Gesetzgeber mit der Ermächtigung des Bundeskartellamtes die nach dem Grundgesetz eindeutig bestehende, originäre Zuständigkeit des Legislativorgans zur Festlegung der Anmeldepflichtigkeit von Zusammenschlussvorhaben zu einem nicht unerheblichen Teil der Exekutive überträgt. Nicht mehr das Parlament entscheidet allgemein und generell für alle Normadressaten verbindlich, welche Zusammenschlussvorhaben der deutschen Fusionskontrolle unterliegen. Vielmehr kann das Bundeskartellamt neben der in § 35 GWB normierten, generell-abstrakten Regelung für alle potentiell betroffenen Normadressaten für einzelne, von der Kartellbehörde individuell verpflichtete Normadressaten durch eine generell-individuelle Regelung eine Anmeldepflicht begründen. Die Ausgestaltung eines so weitreichenden Paradigmenwechsels verdient besondere Aufmerksamkeit und eine genaue Prüfung der rechtlichen Voraussetzungen, die für den Erlass einer entsprechenden Verfügung erfüllt sein müssen. Mit diesen sowie mit den aus einer solchen Verfügung des Bundeskartellamtes erwachsenden Rechtsfolgen, aber auch mit den verfassungsrechtlichen Rahmenbedingungen setzen sich die nachfolgenden Überlegungen auseinander.

Die hier vorgelegte Studie ist aus einem Rechtsgutachten hervorgegangen, mit dem die REMONDIS SE & Co. KG, Lünen, die Verfasser beauftragt hat. Ihr Vorstand hat das Vorhaben initiiert, inhaltlich begleitet und großzügig unterstützt. Unser besonderer Dank gilt insbesondere *Thomas Conzendorf*, der das Vorhaben angeregt und über die gesamte Projektphase intensiv und wohlwollend begleitet hat, daneben aber auch *Ludger Rethmann, Bernhard Heiker* und *Max-Arnold Köttgen*. Wichtige Hinweise und Anregungen haben auch *Herwart Wilms* und *Dr. Johannes Kolkmann* beigesteuert. Ihnen allen sei ebenfalls aufrichtig gedankt.

Besonders hilfreich waren darüber hinaus die kontinuierlichen Gespräche mit *RA Prof. Dr. Rainer Bechtold* sowie *RA Prof. Dr. Michael Uechtritz*, deren kritische Hinweise und weitreichende Anmerkungen zu früheren Entwürfen dieser Abhandlung von unschätzbarem Wert für uns waren. Sie haben uns nicht nur vor Irrtümern bewahrt, sondern auch unsere Aufmerksamkeit auf Aspekte gelenkt, denen wir nicht die gebotene Beachtung geschenkt hatten. Das gilt im Übrigen auch für weitere Anwältinnen und Anwälte unserer Sozietät Gleiss Lutz, vor allem *RA Dr. Wolfgang Bosch, RAin Dr. Iris Benedikt-Buckenleib, RA Dr. Alexander Fritzsche* und *RAin Dr. Petra Linsmeier*, die auf unterschiedliche Weise zur vorliegenden Abhandlung beigetragen haben. Ihnen allen sei an dieser Stelle herzlich gedankt. Schließlich möchten wir nicht die sorgfältige und umsichtige Betreuung des Manuskripts durch *Karin Kammbach* unerwähnt lassen, die uns während des gesamten Projekts mit gewohntem Verständnis unterstützt hat, ebenso wenig wie die vertrauensvolle Zusammenarbeit mit dem Verlag Nomos, insbesondere mit *Gisela Krausnick*. Ihnen allen sei ebenfalls gedankt.

München, im Oktober 2021   *Ingo Brinker / Kathrin Haag*

Inhaltsverzeichnis

4. Weitere Anwendungsvoraussetzung: Sektoruntersuchung nach § 39a Abs. 3 GWB ... 92

5. Ermessensentscheidung des Bundeskartellamts und Inhalt der Verfügung nach § 39a GWB ... 94

III. Auswirkung einer Verfügung nach § 39a GWB auf künftige Zusammenschlussvorhaben ... 95

IV. Rechtsschutz gegen eine Verfügung nach § 39a GWB ... 96

F. Ausblick ... 99

G. Abstract ... 101

I. The new provision of Section 39a ARC ... 101

II. Legal requirements for an order pursuant to Section 39a ARC ... 103

1. Sectors of the economy ... 103

2. The preconditions set out in Section 39a (1) No. 2 ARC ... 103

3. The preconditions set out in Section 39a (1) No. 3 ARC ... 104

4. Section 39a (3) ARC: sector inquiry ... 105

5. Formal decision pursuant Section 39a (1) ARC ... 107

III. Effect of an order pursuant to Section 39a ARC on future concentrations ... 107

IV. Judicial relief against a formal decision pursuant to Section 39a ARC ... 109

V. Conclusion ... 110

H. Anhang ... 111

I. Auszug aus dem Referentenentwurf des Bundesministeriums für Wirtschaft und Energie (Bearbeitungsstand: 24. Januar 2020, 9:32 Uhr) ... 111

II. Auszug aus dem Gesetzentwurf der Bundesregierung, BT-Drs. 19/23492 (19. Oktober 2020) ... 114

III. Vergleich zwischen Referenten- und Regierungsentwurf ... 118

IV. Auszug aus den Guidelines der CMA zum Share of Supply Test ... 123

Literaturverzeichnis ... 131

Abkürzungsverzeichnis

A.A.	Andere Ansicht
a.a.O.	am angegebenen Ort
Abs.	Absatz
ABl.	Amtsblatt
ACCC	Australian Competition and Consumer Commission
a.F.	alte Fassung
ARC	German Act Against Restraints of Competition
Art.	Artikel
BB	Betriebs-Berater
BGB	Bürgerliches Gesetzbuch
BGH	Bundesgerichtshof
BMWi	Bundesministerium für Wirtschaft und Energie
BT-Drs.	Bundestagsdrucksache
BVerfG	Bundesverfassungsgericht
BWB	Bundeswettbewerbsbehörde
bzw.	beziehungsweise
CCCS	Competition and Consumer Commission of Singapore
CDU	Christlich Demokratische Union
CCPC	Competition and Consumer Protection Commission
cf.	confer ("vergleiche")
CMA	Competition and Markets Authority
CSU	Christlich Soziale Union
d.h.	das heißt
ECMR	EC Merger Regulation („EG-Fusionskontrollverordnung")
EG	Europäische Gemeinschaft
EL	Ergänzungslieferung
et al.	et alii, et alia

EU	Europäische Union
e.V.	eingetragener Verein
f.	folgende
ff.	fortfolgende
FKVO	Fusionskontrollverordnung
Fn.	Fußnote
FS	Festschrift
GG	Grundgesetz
ggf.	gegebenenfalls
GVH	Gazdasági Versenyhivatal
GWB	Gesetz gegen Wettbewerbsbeschränkungen
Hrsg.	Herausgeber
i.S.d.	im Sinne des
i.V.m.	in Verbindung mit
JZ	Juristenzeitung
KartG	Kartellgesetz
Kap.	Kapitel
lit.	littera
Mio.	Millionen
m.w.N.	mit weiteren Nachweisen
NACE Rev. 2	nomenclature statistique des activités économiques dans la Communauté européene
NCA	Norwegian Competition Authority („Konkurransetilsynet")
no.	Number
Nr.	Nummer
NZKart	Neue Zeitschrift für Kartellrecht
o.g.	oben genannt
OLG Düsseldorf	Oberlandesgericht Düsseldorf
Rn.	Randnummer
S.	Satz/Seite
s.	siehe
s.o.	siehe oben

SCA	Schwedische Wettbewerbsbehörde Konkurrensverket
Sec.	Section
SIEC	Significant Impediment to Effective Competition
sog.	sogenannt
SPD	Sozialdemokratische Partei Deutschlands
PHCC	Philippine Competition and Consumer Commission
RefE	Referentenentwurf
RegE	Regierungsentwurf
v.	vom/von
Verf.	Verfasser
Vgl.	vergleiche
VO	Verordnung
VwGO	Verwaltungsgerichtsordnung
VwVfG	Verwaltungsverfahrensgesetz
WZ	Wirtschaftszweig
WuW	Wirtschaft und Wettbewerb
z.B.	zum Beispiel
Zust.	Zustimmend
ZWeR	Zeitschrift für Wettbewerbsrecht

A. Einführung

Am 19. Januar 2021 trat das Gesetz zur Änderung des Gesetzes gegen Wettbewerbsbeschränkungen für ein fokussiertes, proaktives und digitales Wettbewerbsrecht 4.0 und anderer wettbewerbsrechtlicher Bestimmungen (GWB-Digitalisierungsgesetz, im Folgenden: „10. GWB-Novelle") in Kraft. Im Zuge dessen wurde die Regelung des § 39a GWB geschaffen. Danach kann das Bundeskartellamt ein Unternehmen unter bestimmten Voraussetzungen durch Verfügung verpflichten, Zusammenschlussvorhaben in einem oder mehreren bestimmten Wirtschaftszweigen anzumelden, selbst wenn die Umsatzaufgreifschwellen in § 35 GWB nicht erfüllt sind:

„§ 39a Aufforderung zur Anmeldung künftiger Zusammenschlüsse

(1) Das Bundeskartellamt kann ein Unternehmen durch Verfügung verpflichten, jeden Zusammenschluss des Unternehmens mit anderen Unternehmen in einem oder mehreren bestimmten Wirtschaftszweigen anzumelden, wenn
1. das Unternehmen im letzten Geschäftsjahr weltweit Umsatzerlöse von mehr als 500 Millionen Euro erzielt hat,
2. objektiv nachvollziehbare Anhaltspunkte dafür bestehen, dass durch künftige Zusammenschlüsse der wirksame Wettbewerb im Inland in den genannten Wirtschaftszweigen erheblich behindert werden könnte und
3. das Unternehmen in den genannten Wirtschaftszweigen einen Anteil von mindestens 15 Prozent am Angebot oder an der Nachfrage von Waren oder Dienstleistungen in Deutschland hat.
(2) Die Anmeldepflicht nach Absatz 1 gilt nur für Zusammenschlüsse bei denen
1. das zu erwerbende Unternehmen im letzten Geschäftsjahr Umsatzerlöse von mehr als 2 Millionen Euro erzielt hat und
2. mehr als zwei Drittel seiner Umsatzerlöse im Inland erzielt hat.
(3) Eine Verfügung nach Absatz 1 setzt voraus, dass das Bundeskartellamt auf einem der betroffenen Wirtschaftszweige zuvor eine Untersuchung nach § 32e durchgeführt hat.
(4) Die Anmeldepflicht nach Absatz 1 gilt für drei Jahre ab Zustellung der Entscheidung. In der Verfügung sind die relevanten Wirtschaftszweige anzugeben."

Im Folgenden wird untersucht, unter welchen Voraussetzungen das Bundeskartellamt eine Verfügung nach § 39a Abs. 1 GWB gegenüber betroffenen Unternehmen erlassen kann und welche Pflichten sich aus einer solchen Verpflichtung ergeben.

B. Anlass der Regelung, Entstehungsgeschichte, rechtlicher Rahmen

I. Hintergrund und Anlass der Regelung

Im Koalitionsvertrag zwischen CDU, CSU und SPD zur 19. Legislaturperiode wurde vereinbart, das Kartellrecht in Bezug auf die Digitalisierung und Globalisierung der Wirtschaft zu modernisieren.[1] Zu diesem Zweck wurde ein vorbereitendes Gutachten vom Bundesministerium für Wirtschaft und Energie („**BMWi**") in Auftrag gegeben. Die 10. GWB-Novelle geht inhaltlich aber über dieses vorbereitende Gutachten und die darin ausgesprochenen, moderaten Empfehlungen weit hinaus. Insoweit unterscheidet sich die 10. GWB-Novelle von der 9. GWB-Novelle, der überwiegend klarstellenden Charakter zugeschrieben wird.[2]

Durch die 10. GWB-Novelle werden die Vorgaben des Koalitionsvertrags zur Modernisierung der Missbrauchsaufsicht (insbesondere mit Blick auf Plattformunternehmen) und zur Beschleunigung von Verfahren umgesetzt. Daneben wird durch die 10. GWB-Novelle der europarechtlichen Vorgabe, die ECN+-Richtlinie[3] bis zum 4. Februar 2021 in nationales Recht umzusetzen, Genüge getan.

Neben der Modernisierung der Missbrauchsaufsicht, die Kernstück der 10. GWB-Novelle ist,[4] zielt die Gesetzesänderung auf die Entbürokratisierung der Fusionskontrolle.[5] Im Zuge dessen wurden die Inlandsumsatzschwellen von bisher EUR 25 / 5 Mio. auf EUR 50 / 17,5 Mio. angehoben. Für Bagatellmärkte sieht § 36 Abs. 2 S. 2 Nr. 2 GWB nunmehr statt der bisherigen EUR 15 Mio.-Schwelle eine Schwelle von EUR 20 Mio. vor.

---

1 Koalitionsvertrag zwischen CDU, CSU und SPD zur 19. Legislaturperiode, Rn. 2755 ff.
2 *Körber*, NZKart 2019, 633.
3 Richtlinie 2019/1/EU des Europäischen Parlaments und des Rates vom 11.12.2018 zur Stärkung der Wettbewerbsbehörden der Mitgliedstaaten im Hinblick auf eine wirksamere Durchsetzung der Wettbewerbsvorschriften und zur Gewährleistung des reibungslosen Funktionierens des Binnenmarkts („**ECN+-Richtlinie**"), ABl. EU 2018 L 11/3.
4 *Käseberg*, NZKart 2019, 569.
5 Begründung zum Gesetzesentwurf der Bundesregierung v. 19.10.2020, BT-Drs. 19/23492, S. 92.

Während das Bundeskartellamt in der Vergangenheit zahlreiche unbedeutende Zusammenschlüsse prüfen musste, war es zugleich daran gehindert, Erwerbsvorgänge unterhalb der Schwellenwerte zu prüfen und ggf. zu untersagen. Um einer – als problematisch wahrgenommenen – flächendeckenden Marktkonzentration durch sukzessive, voneinander unabhängige Erwerbsvorgänge unterhalb der bisher bestehenden Aufgreifschwellen Einhalt gebieten zu können, wurde § 39a GWB geschaffen. Durch diese Regelung wird dem Bundeskartellamt die Möglichkeit eröffnet, für ein einzelnes, genau bestimmtes Unternehmen per Verfügung die Fusionskontrollpflichtigkeit von an sich nicht der Fusionskontrolle unterliegenden Zusammenschlüssen zu begründen.

Die Regelung des § 39a GWB ist das Resultat eines Abwägungsprozesses, an dessen Beginn Überlegungen gänzlich anderer Art standen: Dem Vernehmen nach wurde zunächst erwogen, dem Bundeskartellamt die Befugnis einzuräumen, *ex officio* einzelne Zusammenschlussvorhaben oder bereits vollzogene Zusammenschlüsse nach dem Vorbild der z.B. im Vereinigten Königreich geltenden Regelungen zu überprüfen. Weiter wurde in diesem Zusammenhang z.B. das selektive Absenken von Aufgreifschwellen, insbesondere der Umsatzaufgreifschwellen, die Einführung freiwilliger Anmeldungen, die Möglichkeit oder gar das Erzwingen nachträglicher Anmeldungen diskutiert.[6] All diese Ansätze sind aus unterschiedlichen Gründen verworfen worden, zum Teil wegen der Befürchtung der mit einer solchen Regelung verbundenen Rechtsunsicherheit, zum Teil wegen übergroßer Komplexität oder wegen des vermuteten Fehlens überragend wichtiger Allgemeininteressen.[7] Ebenfalls Abstand genommen wurde von dem Vorschlag der Monopolkommission, die (anstelle des § 39a GWB) einen Umsatzmultiplikator bei Zusammenschlüssen mit regionalem Schwerpunkt vorgeschlagen hatte. Danach hätte § 38 GWB um einen neuen Absatz 6 ergänzt werden sollen.[8]

---

6 *Fuchs*, in FS Wiedemann, 2020, S. 303, 309 ff.; *Wagemann*, in FS Wiedemann, 2020, S. 563, 571 f.

7 *Bechtold*, NZKart 2020, 47, 48. S. hierzu auch *Brinker/Haag*, BB 2021, 1987, 1988 f.

8 S. Monopolkommission, Policy Brief, Ausgabe 4, Januar 2020, S. 8: „*Für einen Zusammenschluss, bei dem mindestens 90 Prozent der Inlandsumsätze eines Zusammenschlussbeteiligten in nicht mehr als drei Bundesländern erwirtschaftet werden, ist das Doppelte der Umsatzerlöse in Ansatz zu bringen. Abweichend davon sind für die Berechnung der Schwelle nach § 36 Abs. 1 Nr. 2 die Umsatzerlöse auf einem Markt zu verdoppeln, der sich räumlich auf nicht mehr als drei Bundesländer erstreckt.*" Kritisch hierzu *Fuchs*, in FS Wiedemann, 2020, S. 310f.

II. Gesetzgebungsgeschichte

Die Entstehungs- und Gesetzgebungsgeschichte des § 39a GWB ist bemerkenswert, nicht zuletzt mit Blick auf die nicht ganz übliche Veröffentlichungspraxis der einzelnen Gesetzesentwürfe.[9] Im Herbst 2019 wurde ein erster, noch nicht abgestimmter Referentenentwurf des BMWi (Ressortabstimmung, Bearbeitungsstand: 7. Oktober 2019)[10] inoffiziell veröffentlicht. In diesem Entwurf war noch keine dem § 39a GWB entsprechende Regelung enthalten.

Wohl auf Anregung des Bundeskartellamts wurde die Regelung des § 39a GWB in den offiziellen Referentenentwurf des BMWi (Bearbeitungsstand: 24. Januar 2020; im Folgenden „**Referentenentwurf**" oder „**GWB-RefE**")[11] aufgenommen. § 39a GWB-RefE sah vor, dass das Bundeskartellamt ein Unternehmen zur Anmeldung künftiger Zusammenschlüsse durch Verfügung auffordern können soll, sofern dieses Unternehmen weltweite Umsatzerlöse von mehr als EUR 250 Mio. im letzten Geschäftsjahr erzielt hat (§ 39a Abs. 1 Nr. 1 GWB-RefE) und Anhaltspunkte dafür bestehen, dass durch künftige Zusammenschlüsse der Wettbewerb im Inland in den genannten Wirtschaftszweigen eingeschränkt werden kann (§ 39a Abs. 1 Nr. 2 GWB-RefE). Die Anmeldepflicht sollte ab Eintritt der Bestandskraft der Entscheidung gelten (§ 39a Abs. 3 GWB-RefE):

„§ 39a Aufforderung zur Anmeldung künftiger Zusammenschlüsse

(1) Das Bundeskartellamt kann ein Unternehmen durch Verfügung auffordern, jeden Zusammenschluss des Unternehmens mit anderen Unternehmen in einem oder mehreren bestimmten Wirtschaftszweigen anzumelden, wenn
1. das Unternehmen im letzten Geschäftsjahr weltweit Umsatzerlöse von mehr als 250 Millionen Euro erzielt hat und
2. Anhaltspunkte dafür bestehen, dass durch künftige Zusammenschlüsse der Wettbewerb im Inland in den genannten Wirtschaftszweigen eingeschränkt werden kann.
(2) Die Anmeldepflicht nach Absatz 1 gilt nur für Zusammenschlüsse bei denen

---

9 Die Gesetzgebungsgeschichte ist in einem NZKart-Sonderheft zur 10. GWB-Novelle, bearbeitet von *Bechtold*, ausführlich dokumentiert worden, NZKart Sonderheft 1/2021.
10 Referentenentwurf des Bundesministeriums für Wirtschaft und Energie, Fassung zur Ressortabstimmung, Bearbeitungsstand: 7.10.2019.
11 Referentenentwurf des Bundesministeriums für Wirtschaft und Energie, Bearbeitungsstand: 24.1.2020.

> *1. das zu erwerbende Unternehmen im letzten abgeschlossenen Geschäfts-*
> *jahr Umsatzerlöse von mehr als 2 Millionen Euro erzielt hat und*
> *2. mehr als zwei Drittel seiner Umsatzerlöse im Inland erzielt hat.*
> *(3) Die Anmeldepflicht nach Absatz 1 gilt für drei Jahre ab Bestandskraft der*
> *Entscheidung. In der Aufforderung sind die relevanten Wirtschaftszweige*
> *anzugeben. "*

Durch die Regelung des § 39a GWB-RefE wird der Kreis der fusionskontrollpflichtigen Unternehmen bzw. Zusammenschlüsse erweitert. In Verbindung mit der Neuregelung der Inlandsumsatzschwellen erhoffte sich das BMWi, die Fusionskontrolle stärker auf gesamtwirtschaftlich relevante bzw. als problematisch wahrgenommene Fälle zu fokussieren. So wird in der Begründung zum Referentenentwurf wie folgt ausgeführt: *„Mit dieser Wertgrenze [EUR 250 Mio.] wird es ermöglicht, auch Fusionen solcher Unternehmen zu kontrollieren, die zwar nur eine mittlere Größe erreichen, aber dennoch auf ihren Märkten eine beherrschende Stellung innehaben."*[12] Damit knüpft die Regelung an Gedankenexperimente an, die seit den Anfängen der deutschen Fusionskontrolle angestellt werden und die neben einer von bestimmten (Inlands-)Umsatzschwellen abhängigen Anmeldepflicht ein Aufgreifen von Fällen, die diese Schwellen nicht erreichen, vorsehen.[13]

Die Schwelle von EUR 250 Mio. wurde im Zuge des weiteren Gesetzgebungsverfahrens im Rahmen des Gesetzesentwurfes der Bundesregierung (Bearbeitungsstand: 19. Oktober 2019, im Folgenden: **„Regierungsentwurf"** oder **„GWB-RegE"**)[14] auf EUR 500 Mio. angehoben (§ 39a Abs. 1 Nr. 1 GWB-RegE). Im Regierungsentwurf ist der Anwendungsbereich des § 39a gegenüber der Fassung des Referentenentwurfs weiter dahin eingeschränkt, als nunmehr *„objektiv nachvollziehbare"* Anhaltspunkte für eine *„erhebliche"* Behinderung *„wirksamen"* Wettbewerbs notwendig sind (§ 39a Abs. 1 Nr. 2 GWB-RegE) und nur solche Unternehmen Adressaten einer Verfügung nach § 39a Abs. 1 GWB-RegE sein können, die in den betreffenden Wirtschaftszweigen einen Anteil von mindestens 15 % am Angebot oder eine Nachfrage von Waren oder Dienstleistungen in Deutschland haben (§ 39a Abs. 1 Nr. 3 GWB-RegE; Hervorhebungen der Änderungen des Regierungsentwurfs gegenüber dem Referentenentwurf durch Verf.):

---

12 Referentenentwurf des Bundesministeriums für Wirtschaft und Energie, Bearbeitungsstand: 24.1.2020, S. 100.
13 Vgl. die Nachweise bei *Wagemann*, in FS Wiedemann, 2020, S. 573, Fn. 67.
14 Gesetzesentwurf der Bundesregierung v. 19.10.2020, BT-Drs. 19/23492.

„§ 39a Aufforderung zur Anmeldung künftiger Zusammenschlüsse

(1) Das Bundeskartellamt kann ein Unternehmen durch Verfügung <u>verpflichten</u>, jeden Zusammenschluss des Unternehmens mit anderen Unternehmen in einem oder mehreren bestimmten Wirtschaftszweigen anzumelden, wenn

1. *das Unternehmen im letzten Geschäftsjahr weltweit Umsatzerlöse von mehr als <u>500</u> Millionen Euro erzielt hat,*
2. *<u>objektiv nachvollziehbare</u> Anhaltspunkte dafür bestehen, dass durch künftige Zusammenschlüsse der <u>wirksame</u> Wettbewerb im Inland in den genannten Wirtschaftszweigen <u>erheblich behindert werden könnte und</u>*
3. *<u>das Unternehmen in den genannten Wirtschaftszweigen einen Anteil von mindestens 15 Prozent am Angebot oder an der Nachfrage von Waren oder Dienstleistungen in Deutschland hat.</u>*

(2) Die Anmeldepflicht nach Absatz 1 gilt nur für Zusammenschlüsse bei denen

1. *das zu erwerbende Unternehmen im letzten ~~abgeschlossenen~~ Geschäftsjahr Umsatzerlöse von mehr als 2 Millionen Euro erzielt hat und*
2. *mehr als zwei Drittel seiner Umsatzerlöse im Inland erzielt hat.*

(3) <u>Eine Verfügung nach Absatz 1 setzt voraus, dass das Bundeskartellamt auf einem der betroffenen Wirtschaftszweige zuvor eine Untersuchung nach § 32e durchgeführt hat.</u>

(4) Die Anmeldepflicht nach Absatz 1 gilt für drei Jahre ab <u>Zustellung</u> der Entscheidung. In der <u>Verfügung</u> sind die relevanten Wirtschaftszweige anzugeben."

Ziel der Anpassung des Gesetzesvorschlags durch den Regierungsentwurf war die Einschränkung des Anwendungsbereichs des § 39a GWB. So wird in der Gesetzesbegründung des Regierungsentwurfs – anders als in der Fassung des Referentenentwurfs – explizit darauf hingewiesen, dass *„die Aufforderung zur Anmeldung künftiger Zusammenschlüsse unterhalb der üblichen Umsatzschwellen [...] an enge Voraussetzungen gebunden [ist]."*[15]

In diesem Sinne ist auch der gegenüber dem Referentenentwurf neu eingefügte Abs. 3, wonach der Erlass einer Verfügung nach § 39a Abs. 1 voraussetzt, dass das Bundeskartellamt auf einem der betroffenen Wirtschaftszweige zuvor eine Untersuchung nach § 32e GWB („**Sektoruntersuchung**") durchgeführt hat, zu verstehen.

Während nach dem Referentenentwurf die Wirksamkeit einer Verfügung nach § 39a GWB („**Anmeldeverfügung**") mit Eintritt der Bestands-

---

15 Begründung zum Gesetzesentwurf der Bundesregierung v. 19.10.2020, BT-Drs. 19/23492, S. 95.

kraft vorgesehen war, wurde deren Wirksamkeit im Zuge des weiteren Gesetzgebungsverfahrens auf den Zeitpunkt der Zustellung der Entscheidung vorverlegt (§ 39a Abs. 4 GWB-RegE). Insoweit folgte der Gesetzgeber der Kritik des Bundeskartellamts, das in seiner Stellungnahme zum Referentenentwurf forderte, die Anmeldepflicht müsse an den Erlass der Entscheidung und nicht an deren Bestandskraft anknüpfen, da betroffene Unternehmen andernfalls uneingeschränkt die Möglichkeit hätten, wettbewerblich problematische Zusammenschlussvorhaben während eines laufenden gerichtlichen Beschwerdeverfahrens zu vollziehen.[16] Die weitere Forderung des Bundeskartellamts, unter § 39a GWB zu prüfende Fälle aus der Bagatellmarktklausel auszunehmen,[17] wurde indes nicht erfüllt.

Die Empfehlungen des Wirtschaftsausschusses decken sich mit dem Entwurf der Bundesregierung.[18] Der Regierungsentwurf wurde mit Blick auf § 39a GWB vom Bundestag unverändert beschlossen und wurde am 18. Januar 2021 im Bundesgesetzblatt verkündet. Das Gesetz trat am 19. Januar 2021 in Kraft.

III. § 39a GWB im System der Fusionskontrolle

Im deutschen Fusionskontrollrecht ist § 39a GWB Ausdruck eines Paradigmenwechsels: Weg von rein statisch am Umsatz bzw. seit einiger Zeit auch am Transaktionswert orientierten Aufgreifschwellen, hin zu einer im spezifischen Einzelfall flexibel handhabbaren Lösung durch – auch das ist eine Besonderheit im deutschen Recht – das Bundeskartellamt. Die Regelung des § 39a GWB ist der vorläufige Schlusspunkt einer Diskussion, in deren Verlauf verschiedene methodische Ansätze erwogen und diskutiert worden sind, um die strikt formale Zuständigkeitsordnung fusionskontrollrechtlicher Regime, die in der Regel durch Umsatz-, Vermögenswert-, Transaktionswert- oder Marktanteilsschwellen oder eine Kombination dieser Schwellen geprägt sind, im Hinblick auf spezifische Einzelfälle zu flexibilisieren.[19]

---

16 BKartA, Stellungnahme zum Referentenentwurf zur 10. GWB-Novelle, 25.2.2020, S. 21.

17 BKartA, Stellungnahme zum Referentenentwurf zur 10. GWB-Novelle, S. 21. S. auch BKartA, Stellungnahme zum Regierungsentwurf zur 10. GWB-Novelle, 23.11.2020, S. 21.

18 Beschlussempfehlung und Bericht des Ausschusses für Wirtschaft und Energie, BT-Drs. 19/25868.

19 S. insoweit bereits auch *Brinker/Haag*, BB 2021, 1987, 1988 f.

Der nun in Deutschland gewählte Weg ist im internationalen Vergleich eine Besonderheit, wenn im Ergebnis auch keine singuläre Erscheinung. Dies zeigt sich nicht zuletzt an den jüngsten Entwicklungen auf europäischer Ebene. So hat die Europäische Kommission in ihrem Leitfaden zu Art. 22 Fusionskontrollverordnung („**FKVO**") vom 31. März 2021[20] mitgeteilt, dass sie künftig auch selbst nicht zuständige Mitgliedstaaten unter bestimmten Umständen dazu ermutigt, Verweisungsanträge zu stellen. Bislang hatte die Europäische Kommission keine Verweisungsanträge von Mitgliedstaaten akzeptiert, die nicht selbst über eine Fusionskontrollzuständigkeit verfügten. Hintergrund dieses Richtungswechsels ist die Sorge der Europäischen Kommission, dass *„killer acquisitions"* vor allem in den Bereichen digitale Wirtschaft, Pharma/Biotechnologie, Start-ups, etc. unter ihrem Radar erfolgen. Wie § 39a GWB im deutschen Recht läuten die jüngsten Änderungen der Kommissionspraxis einen Paradigmenwechsel in der europäischen Fusionskontrolle ein.[21]

Im Folgenden wird ein kurzer Überblick über verschiedene Fusionskontrollsysteme gegeben, wobei ein besonderes Augenmerk denjenigen Jurisdiktionen gelten soll, in denen Regelungen gelten, die Parallelen zum Regelungsgehalt des § 39a GWB aufweisen. Die Auswahl mag auf den ersten Blick willkürlich erscheinen, beruht aber auf dem Versuch, die unterschiedlichen Regelungsansätze exemplarisch darzustellen.

1. Bestimmung der Anmeldepflichtigkeit eines Zusammenschlusses anhand gesetzlich vorgegebener Schwellenwerte

Ungeachtet des neuen Leitfadens der Europäischen Kommission zu Art. 22 FKVO wird auf europäischer Ebene im Rahmen der FKVO weiter an einer strikten Umsatzaufgreifschwelle festgehalten. So sind nach Art. 1 Abs. 2 FKVO solche Zusammenschlüsse anmeldepflichtig, bei denen der weltweite Gesamtumsatz aller beteiligten Unternehmen zusammen höher als EUR 5 Mrd. ist und mindestens zwei der beteiligten Unternehmen einen gemeinschaftsweiten Gesamtumsatz von jeweils mehr als EUR 250 Mio. erzielt haben (sofern die beteiligten Unternehmen nicht jeweils mehr als ⅔ ihres gemeinschaftsweiten Gesamtumsatzes in ein und demselben

---

20 KOMM, Leitfaden zur Anwendung des Verweisungssystems nach Artikel 22 der Fusionskontrollverordnung auf bestimmte Kategorien von Vorhaben, ABl. EU 2021 C 113/1.
21 Kritisch hierzu *Völcker*, Editorial, NZKart 2021, 262.

Mitgliedstaat erzielt haben). Art. 1 Abs. 3 FKVO sieht für den Fall, dass die in Art. 1 Abs. 2 FKVO vorgesehenen Schwellen nicht erreicht werden, weitere, niedrigere Schwellenwerte vor. Auch bei diesen handelt es sich um reine Umsatzschwellen.

Mit ihrem Festhalten an rein am Umsatz orientierten Schwellenwerten bewegt sich die Europäische Union im internationalen Vergleich im Rahmen des Üblichen: So bewertet eine Vielzahl von Staaten die Fusionskontrollpflichtigkeit eines Zusammenschlusses anhand gesetzlich vorgegebener, genau bezifferter Umsatzschwellen, so zum Beispiel innerhalb der EU in Belgien, in Frankreich, in den Niederlanden und in Italien.

In Deutschland besteht die Besonderheit, dass neben einer rein umsatzbezogenen Schwelle eine weitere, transaktionswertbezogene Schwelle über die Anmeldepflichtigkeit eines Zusammenschlussvorhabens, das die reinen Umsatzschwellenwerte nicht erfüllt, entscheidet. Nach dieser Transaktionswertschwelle wird – ergänzend zum Umsatz – darauf abgestellt, ob der Wert der Gegenleistung für den Zusammenschluss mehr als 400 Millionen Euro beträgt und ob das zu erwerbende Unternehmen in erheblichem Umfang im Inland tätig ist. Zur näheren Bestimmung des Werts der Gegenleistung sowie zur Bewertung der Erheblichkeit der Inlandstätigkeit hat das Bundeskartellamt, gemeinsam mit der österreichischen Bundeswettbewerbsbehörde („**BWB**"), einen Leitfaden herausgegeben.[22] Die Zusammenarbeit mit der BWB resultiert aus dem Umstand, dass in Österreich eine vergleichbare Schwelle in das in Österreich maßgebliche Kartellgesetz („**KartG**") aufgenommen wurde.

Eine weitere Möglichkeit, die Anmeldepflichtigkeit eines Zusammenschlussvorhabens zu bestimmen, besteht darin, Marktanteilsschwellen vorzusehen. Typischerweise werden solche Marktanteilsschwellen zusätzlich zu rein umsatzbezogenen Schwellenwerten vorgesehen, so z.B. in Spanien und in Portugal. Marktanteilsschwellen stellen darauf ab, ob durch das betreffende Zusammenschlussvorhaben ein bestimmter Mindestmarktanteil (z.B. 30 % oder 50 %) in dem betreffenden Staat erworben, erreicht oder überschritten wird. Je nach Höhe des vorgesehenen Marktanteils werden regelmäßig ergänzend Umsatzschwellen bzw. am Umsatz orientierte Rückausnahmen vorgesehen: Eine Anmeldepflicht besteht dann beispielsweise nicht, wenn der Marktanteil zwar 30 % übersteigt, 50 % aber unterschreitet

---

22 Bundeskartellamt und Bundeswettbewerbsbehörde, Leitfaden Transaktionswert-Schwellen für die Anmeldepflicht von Zusammenschlussvorhaben (§ 35 Abs. 1a GWB und § 9 Abs. 4 KartG), Juli 2018.

und der inländische Umsatz der Zusammenschlussbeteiligten unter einem gewissen Betrag liegt.

Eine weitere Möglichkeit, die Anmeldepflichtigkeit eines Zusammenschlussvorhabens gesetzlich festzulegen, besteht darin, auf den Wert der zu übertragenden Vermögenswerte („**Assets**") abzustellen. Typischerweise wird alternativ auf den Umsatz oder den Wert der Assets der Zusammenschlussbeteiligten (in dem betreffenden Staat und/oder weltweit) abgestellt, der eine bestimmte Schwelle überschreiten muss, so zum Beispiel in Kanada, der Ukraine und in den USA. Denkbar ist auch eine Kombination von beiden Parametern. Die USA sind insoweit besonders hervorzuheben, als dort anhand einer Kombination aus Umsatz-, Vermögenswert- und Transaktionswertschwellen bewertet wird, ob ein Zusammenschlussvorhaben der Fusionskontrolle unterliegt.

2. Freiwillige Anmeldung

In einigen Jurisdiktionen ist die Anmeldung von Zusammenschlüssen nicht zwingend, sondern kann auf freiwilliger Basis erfolgen, beispielsweise im Vereinigten Königreich, in Australien sowie in Singapur. In den Philippinen wird im Zusammenhang mit der avisierten Anhebung der gesetzlichen Schwellenwerte die Einführung eines hybriden Systems diskutiert: Zusammenschlussvorhaben, die die gesetzlichen Schwellenwerte überschreiten, sollen weiterhin anmeldepflichtig sein. Zusammenschlüsse, die die Schwellen nicht erreichen, sollen auf freiwilliger Basis angemeldet werden können, um den betroffenen Unternehmen Rechtssicherheit zu vermitteln.[23] Dies bedeutet allerdings nicht, dass die dortigen Behörden im Falle einer Nichtanmeldung gehindert wären, Zusammenschlüsse einer Prüfung zu unterziehen und ggf. zu untersagen.

Auch die Singapurianische Wettbewerbsbehörde Competition and Consumer Commission of Singapore („**CCCS**") kann einen Zusammenschluss untersuchen, wenn dieser eine wesentliche Verringerung des Wettbewerbs (*„substantial lessening of competition"*) erwarten lässt. Zusammenschlüsse, die eine solche Wirkung entfalten, sind verboten. Lässt ein Zusammen-

---

23 Vgl. *Damazo-Santos*, Mlex Insight v. 22.7.2021. Hintergrund ist, dass die Wettbewerbsbehörde der Philippinen, die Philippine Competition Commission („**PHCC**"), Zusammenschlüsse unter gewissen Voraussetzungen auch auf eigene Initiative hin, d.h. auch ohne vorherige Anmeldung untersuchen kann, sog. *„Motu Proprio Merger Review"*.

schluss eine wesentliche Verringerung des Wettbewerbs vermuten, empfiehlt die CCCS den Parteien eines Zusammenschlusses daher diesen anzumelden. Zur Orientierung, in welchen Fällen es unwahrscheinlich ist, dass die Singapurianische Behörde einen Zusammenschluss untersucht (und es daher nicht unbedingt angezeigt ist, einen Zusammenschluss anzumelden), hat die CCCS Leitlinien herausgegeben.[24] Teil dieser Leitlinien sind Marktanteilsschwellen, die allerdings unverbindlich sind. Die CCCS ist mithin nicht gehindert, auch solche Zusammenschlussvorhaben zu prüfen, die die Schwellenwerte nicht erfüllen. Es obliegt den Parteien eines Zusammenschlussvorhabens zu prüfen, ob die Schwellenwerte erfüllt sind bzw. ob ein Zusammenschlussvorhaben eine wesentliche Verringerung des Wettbewerbs erwarten lässt. Sind sich die Parteien unsicher, können sie Kontakt zur CCCS aufnehmen, um eine (vertrauliche) Einschätzung zu der Frage, inwiefern eine Anmeldung ratsam ist, zu erhalten (*„confidential advice"*). Sehen die Parteien eines Zusammenschlussvorhabens davon ab, einen Zusammenschluss anzumelden, kann die CCCS das betreffende Vorhaben gleichwohl einer Prüfung unterziehen und es ggf. untersagen bzw. Nebenbestimmungen verhängen (sog. *„own-initiative merger investigations"*).

Ähnlich verhält sich die Situation in Australien: Auch dort erfolgt die Anmeldung eines Zusammenschlusses grundsätzlich auf freiwilliger Basis. Die australische Wettbewerbsbehörde, die Australian Competition and Consumer Commission (**„ACCC"**), erwartet jedoch in bestimmten Konstellationen, vor Vollzug eines Zusammenschlusses informiert zu werden. In welchen Konstellationen dies der Fall ist, ergibt sich aus Leitlinien der ACCC.[25] Unterbleibt eine förmliche Anmeldung, kann die ACCC ein Zusammenschlussvorhaben *ex officio* überprüfen und ggf. rechtliche Schritte bis hin zur Entflechtung eines Zusammenschlusses einleiten.

In diesem Zusammenhang bemerkenswert ist die Regelung im Vereinigten Königreich. Auch dort ist eine Anmeldung nicht zwingend vorgeschrieben. Da die britische Wettbewerbsbehörde Competition and Markets Authority (**„CMA"**) Zusammenschlüsse, die bestimmte gesetzlich vorgegebenen Schwellenwerte überschreiten, auch ohne vorherige Anmeldung einer eingehenden Prüfung unterziehen darf (selbst wenn der be

---

24 CCCS, Guidelines on the substantive assessment of mergers 2016, 1.12.2016 und CCCS, Guidelines on merger procedures 2012, 1.7.2012.
25 ACCC, Merger Guidelines, 21.11.2008 (letzte Aktualisierung am 15.11.2017) und ACCC, Informal Merger Review Process Guidelines, September 2013 (letzte Aktualisierung im November 2017).

treffende Zusammenschluss bereits vollzogen ist), werden in der Praxis Zusammenschlüsse, die diese Schwellenwerte erreichen, regelmäßig angemeldet. Im Vorfeld einer Anmeldung und zur Bestimmung ob eine Anmeldung notwendig erscheint, besteht die Möglichkeit, sich durch Vorlage einer sog. *briefing note* mit der CMA über die Frage der Anmeldung abzustimmen.[26]

Hervorzuheben im Zusammenhang mit dem Fusionskontrollregime des Vereinigten Königreichs ist der neben einem Umsatzschwellenwert vorgesehene „share of supply test" (vgl. Sec. 23 (2)-(9) Enterprise Act 2002). Danach ist der Anwendungsbereich der Fusionskontrolle eröffnet, wenn sich der „share of supply" der Zusammenschlussparteien im Vereinigten Königreich (oder in einem Teil davon) durch das Zusammenschlussvorhaben erhöht und mindestens 25 % des Angebots oder der Nachfrage in einer der betroffenen Produkt- oder Dienstleistungskategorien beträgt. Insofern bestehen gewisse Parallelen zwischen der Rechtslage im Vereinigten Königreich sowie in Deutschland nach Einführung des § 39a GWB (s. hierzu im Detail die Ausführungen in Abschnitt C.I.4.a)).

3. Prüfung ex officio

In einigen Jurisdiktionen verfügen die Wettbewerbsbehörden über die Möglichkeit, Zusammenschlussvorhaben *ex officio* und nach eigenem Ermessen nachträglich, auch nach erfolgtem Vollzug des Zusammenschlusses, aufzugreifen und einer Überprüfung zu unterziehen.

Zu diesen Jurisdiktionen zählen die oben genannten Staaten, in denen die Anmeldung eines Zusammenschlusses gesetzlich nicht vorgeschrieben ist, sondern auf freiwilliger Basis erfolgt (s.o., Abschnitt B.III.2.). Hinzu kommen Länder wie beispielsweise Irland und Ungarn, in denen die zuständigen Wettbewerbsbehörden auch solche Zusammenschlussvorhaben aufgreifen können, die die gesetzlich vorgeschriebenen (Umsatz-)Schwellenwerte nicht erreichen.

In Irland beispielsweise kann die dortige Wettbewerbsbehörde Competition and Consumer Protection Commission („**CCPC**") Zusammenschlüsse, die zwar die gesetzlichen Schwellen unterschreiten, aber dennoch eine Wettbewerbsbehinderung oder die Entstehung/Verstärkung einer marktbeherrschenden Stellung erwarten lassen, einer Überprüfung unter-

---

26 Vgl. hierzu CMA, Guidance on the CMA's merger intelligence function, Dezember 2020.

ziehen. Erlangt die CCPC Kenntnis von einem entsprechenden Zusammenschluss, wird sie die Parteien in der Praxis dazu auffordern, den Zusammenschluss auf freiwilliger Basis anzumelden. Ist ein Zusammenschluss bereits vollzogen, kann die CCPC den Zusammenschluss gleichwohl untersuchen und gegebenenfalls sogar die Rückabwicklung verfügen. Soweit ersichtlich, ist dieser Fall bislang jedoch nicht eingetreten.[27]

Auch in Ungarn verfügt die dortige Wettbewerbsbehörde Gazdasági Versenyhivatal ("**GVH**") seit einiger Zeit über die Befugnis, an sich nicht anmeldepflichtige Zusammenschlüsse innerhalb der ersten sechs Monate nach deren Vollzug *ex officio* zu untersuchen. Dies setzt einerseits das Erreichen einer gewissen Umsatzschwelle (die niedriger ist als die Umsatzschwelle, die eine Anmeldepflicht auslöst) voraus. Andererseits muss die Möglichkeit bestehen, dass der betreffende Zusammenschluss den Wettbewerb erheblich beschränkt.[28]

4. Erzwingen nachträglicher Anmeldungen

Die norwegische Wettbewerbsbehörde Konkurransetilsynet ("**NCA**") kann Zusammenschlüsse, die die gesetzlich festgelegten Schwellenwerte nicht erreichen, untersuchen, sofern Grund für die Annahme besteht, dass der Wettbewerb durch den Zusammenschluss beeinträchtigt wird. Diese Möglichkeit besteht innerhalb der ersten drei Monate nach Unterzeichnung des Kaufvertrags oder nach Erlangung der Kontrolle, je nachdem welches der beiden Ereignisse zuvor eintritt. Gelangt die NCA zu dem Ergebnis, einen Zusammenschluss untersuchen zu wollen, fordert sie die Parteien des Zusammenschlusses auf, diesen anzumelden.[29]

Eine solche Möglichkeit besteht auch in Schweden: Dort hat die schwedische Wettbewerbsbehörde Konkurrensverket ("**SCA**") unter bestimmten Voraussetzungen die Möglichkeit, Parteien zur Anmeldung eines Zusammenschlusses, der die gesetzlich vorgegebenen Schwellenwerte nicht erreicht, aufzufordern.[30] Auch in Lettland kann die dortige Wettbewerbs-

---

27 Vgl. CCPC, Notice in respect of the review of non-notifiable mergers and acquisitions, 31.10.2014.
28 *Schoenherr*, Significant amendments to the Hungarian Competition Act, Lexology.com, 19.12.2016.
29 *NCA*, When must mergers and acquisitions be notified to the Norwegian Competition Authority.
30 *Lagemann/Komlós*, in von der Groeben/Schwarze/Hatje, Europäisches Unionsrecht, FKVO, Kap. B Rn. 243.

behörde die Parteien eines Zusammenschlusses auffordern, einen Zusammenschluss, der die gesetzlichen Schwellen nicht erreicht, anzumelden. Dies setzt unter anderem voraus, dass die begründete Annahme, der Zusammenschluss werde den Wettbewerb erheblich beeinträchtigen, besteht und der Vollzug des Zusammenschlusses weniger als zwölf Monate zurückliegt.[31]

5. Zwischenfazit

Der Rechtslage in den in den Abschnitten 2. bis 4. genannten Ländern ist gemein, dass die dortigen Behörden bei der Bewertung, ob ein Zusammenschluss einer Prüfung unterzogen werden soll, einen Entscheidungsspielraum in Anspruch nehmen können. Dieser ergibt sich regelmäßig daraus, dass die zur Prüfung eines an sich nicht anmeldepflichtigen Zusammenschlusses ermächtigenden Gesetze auslegungsbedürftige bzw. eine Bewertung erfordernde Kriterien (z.B. das der Beeinträchtigung des Wettbewerbs) enthalten. Insofern besteht eine gewisse Parallele zur Regelung des § 39a GWB, die dem Bundeskartellamt auf verschiedenen Ebenen einen Entscheidungsspielraum zubilligt. Allerdings zeigt die skizzenhafte Zusammenfassung, dass es bisher keine mit § 39a GWB vergleichbare Regelung gibt, wonach ein bestimmtes Unternehmen allein und individuell durch Verfügung der zuständigen Behörde befristet für eine unbestimmte Anzahl von Fällen einer verschärften Fusionskontrolle unterworfen werden kann.

IV. Verfassungsmäßigkeit der Regelung

§ 39a GWB bewirkt einen Paradigmenwechsel im deutschen Fusionskontrollrecht. Anders als bislang ergibt sich die Anmeldepflichtigkeit eines Zusammenschlusses nicht mehr ausschließlich unmittelbar aus dem Gesetz selbst, sondern kann auf einer Ermessensentscheidung des Bundeskartellamts beruhen. Insoweit unterscheidet sich der nun ins GWB aufgenommene Regelungsmechanismus von der bisherigen Gesetzessystematik insbesondere dadurch, dass der Gesetzgeber seine genuine, verfassungsrechtlich abgesicherte Legislativbefugnis, Zusammenschlussvorhaben einer vor-

---

31 *Hahn*, in MüKo-EUWbR, Anhang FKVO, Rn. 105.

herigen, fusionskontrollrechtlichen Anmeldepflicht zu unterwerfen, für einzelne Unternehmen dem Bundeskartellamt überträgt.

Die grundsätzliche Frage, ob ein Zusammenschlussvorhaben der präventiven Fusionskontrolle unterliegt, wird auf diese Weise nicht mehr durch das Parlament, den Gesetzgeber allgemein und generell für alle Normadressaten verbindlich entschieden. Vielmehr wird insoweit eine Ausnahme zugelassen, als nicht mehr der Gesetzgeber als Legislativorgan die grundsätzliche Frage der Anmeldepflicht begründet, sondern mit der Kartellbehörde ein Teil der Exekutive, die an sich ausschließlich für die Umsetzung und Durchsetzung der Normen, also auch der Prüfung fusionskontrollpflichtiger Zusammenschlussvorhaben, zuständig ist. Die Neuregelung in § 39a GWB ist also nicht nur konzeptionell und rechtssystematisch bemerkenswert, sondern vor diesem Hintergrund auch in verfassungsrechtlicher Hinsicht außergewöhnlich. Es stellt sich insbesondere die Frage der Vereinbarkeit der Regelung mit dem Prinzip des Gesetzesvorbehalts (Art. 20 Abs. 3 GG).

1. Der Grundsatz vom Vorbehalt des Gesetzes

Im deutschen Verfassungsrecht ist anerkannt, dass hoheitliches Handeln der Verwaltung, wenn in Rechte aller oder Einzelner eingegriffen wird, einer besonderen gesetzlichen Grundlage bedarf (Grundsatz des Vorbehalts des Gesetzes). Zusammen mit dem Grundsatz vom Vorrang des Gesetzes – d.h. der in Art. 20 Abs. 3 GG statuierten Bindung der Verwaltung an Gesetz und Recht – ist der Grundsatz des Vorbehalts des Gesetzes Ausfluss des Prinzips der Gesetzmäßigkeit der Verwaltung. Dieses Prinzip zählt zu den tragenden Pfeilern der rechtsstaatlichen und demokratischen Ordnung in der Bundesrepublik Deutschland.

a) Der Grundsatz vom Vorbehalt des Gesetzes im System des Grundgesetzes

Nach Art. 20 Abs. 3 GG ist die Gesetzgebung an die verfassungsmäßige Ordnung und sind die vollziehende Gewalt und die Rechtsprechung an Gesetz und Recht gebunden. Anders als der damit statuierte Vorrang des Gesetzes wird der Grundsatz des Vorbehalts des Gesetzes im Grundgesetz nicht expressis verbis erwähnt. Dessen Geltung wird nach ständiger Rechtsprechung des Bundesverfassungsgerichts jedoch aus Art. 20 Abs. 3 GG abgeleitet:[32] „*Die Bindung der vollziehenden Gewalt und der Rechtsprechung an Gesetz und Recht, der Vorrang des Gesetzes also, würden ihren Sinn verlieren, wenn nicht schon die Verfassung selbst verlangen würde, dass staatliches Handeln in bestimmten grundlegenden Bereichen nur Rechtens ist, wenn es durch das förmliche Gesetz legitimiert wird.*"[33]

aa) Dogmatische Herleitung

In der Literatur wird die Ansicht vertreten, ein allgemeiner Vorbehalt des Gesetzes bedürfe einer argumentativen Stützung durch andere Regelungen der Verfassung, z.B. durch die Grundrechte, das Rechtsstaatlichkeitsgebot oder das Demokratieprinzip.[34] Mit Blick auf die Begründung durch Grundrechte wird die Ansicht vertreten, die einzelnen Spezialvorbehalte der Grundrechte seien als inhaltliche Ausgestaltung eines allgemeinen Gesetzesvorbehalts für staatliche Eingriffe in die Freiheit der Bürger zu verstehen.[35]

Andere Stimmen vertreten die Auffassung, dass der Vorbehalt des Gesetzes jedenfalls für den tradierten Bereich der Eingriffe in Freiheit und Eigentum im Rechtsstaatlichkeitsgrundsatz und insbesondere in der Bindungsklausel des Art. 20 Abs. 3 Hs. 2 GG impliziert sei. Bereits daraus ergebe sich, dass jede Rechtsposition auf einer gesetzlichen Grundlage beruht, die die vollziehende Gewalt zu respektieren habe.[36]

Wieder andere begründen den Vorbehalt des Gesetzes mit dem Demokratieprinzip: Der Vorbehalt des Gesetzes sei auf das parlamentarische Gesetz bezogen. Dessen Besonderheit bestehe darin, eine unmittelbare Entscheidung des Parlaments und damit der Mehrheit der unmittelbar gewählten Volksvertreter zu sein. Das Demokratieprinzip fordere die Notwendigkeit, dass Inhalt sowie Art und Weise des staatlichen Handels bei

---

32 S. z.B. BVerfG, Beschl. v. 28.10.1975, 2 BvR 883/73, Rn. 34 (juris) = BVerfGE 40, 237, 248).

33 BVerfG, Beschl. v. 28.10.1975, 2 BvR 883/73, Rn. 34 (juris) = BVerfGE 40, 237, 248.

34 Vgl. die Übersicht bei *Grzeszick*, in Maunz/Dürig, GG, Art. 20 Rn. 97 ff.; *Jarass*, in Jarass/Pieroth, GG, Art. 20 Rn. 69.

35 *Sachs*, in Sachs, GG, Art. 20 Rn. 114.

36 Vgl. die Nachweise bei *Grzeszick*, in Maunz/Dürig, GG, Art. 20 Rn. 99 Fn. 5 sowie die Nachweise bei *Kotzur*, in Münch/Kunig, GG, Art. 20 Rn. 154 Fn. 700.

wesentlichen Fragen vom unmittelbar demokratisch legitimierten Gesetzgeber im parlamentarischen Gesetzgebungsverfahren bestimmt werden.[37]

Ungeachtet der genannten Theorien hat sich in weiten Teilen der Literatur die Ansicht durchgesetzt, dass die Frage nach der Herleitung des allgemeinen Gesetzesvorbehalts nicht pauschal beantwortet werden kann, sondern differenziert zu betrachten ist. Anstelle eines allgemeinen, aus einem allgemeinen Verfassungsprinzip abgeleiteten Gesetzesvorbehalts sei *„in Anlehnung an und unter Rücksicht auf einzelne verfassungsrechtliche Nominierungen der Kreis der notwendigen Vorbehaltsaufgaben jeweils differenziert für spezifische Bereiche zu ermitteln."*[38]

Die theoretische Annäherung an den Gesetzesvorbehalt in der Literatur wird in der Praxis von der Rechtsprechung des Bundesverfassungsgerichts, das insoweit eine eigene Linie verfolgt, überlagert.

bb) Rechtsprechung des Bundesverfassungsgerichts (Wesentlichkeitstheorie)

Nach der Rechtsprechung des Bundesverfassungsgerichts verlangt der allgemeine Vorbehalt des Gesetzes, *„daß der Gesetzgeber in grundlegenden normativen Bereichen alle wesentlichen Entscheidungen selbst treffen muss"*.[39] Das Bundesverfassungsgericht führt aus, dass *„[d]ie Tragweite dieses Grundsatzes [...] durch die Rechtsprechung zur Wesentlichkeitstheorie näher bestimmt [wird]."*[40] Wann es nach der Wesentlichkeitstheorie einer Regelung durch den parlamentarischen Gesetzgeber bedarf, lasse sich nur mit Blick auf den jeweiligen Sachbereich und die Eigenart des betroffenen Regelungsgegenstandes beurteilen: *„Die verfassungsrechtlichen Wertungskriterien sind dabei den tragenden Prinzipien des Grundgesetzes, insbesondere den darin verbürgten Grundrechten, zu entnehmen [...]. Danach bedeutet wesentlich im grundrechtsrelevanten Bereich in der Regel "wesentlich für die Verwirklichung der Grundrechte" [...]."*[41]

---

37 Vgl. die Nachweise bei *Grzeszick*, in Maunz/Dürig, GG, Art. 20 Rn. 101 Fn. 4, 5.

38 *Grzeszick*, in Maunz/Dürig, GG, Art. 20 Rn. 104.

39 Vgl. z.B. BVerfG, Beschl. v. 26.6.1991, 1 BvR 779/85, Rn. 40 (juris) = BVerfGE 84, 212, 226.

40 BVerfG, Beschl. v. 26.6.1991, 1 BvR 779/85, Rn. 40 (juris) = BVerfGE 84, 212, 226 m.w.N.

41 BVerfG, Urt. v. 14.7.1998,1 BvR 1640/97, Rn. 132 (juris) = BVerfGE 98, 218, 251 m.w.N.

Nicht nur die Frage der Notwendigkeit eines parlamentarischen Gesetzes wird anhand der Wesentlichkeit bestimmt, sondern auch die erforderliche Regelungsdichte des betreffenden Gesetzes: *„Wie weit der Gesetzgeber die für den fraglichen Lebensbereich erforderlichen Leitlinien selbst bestimmen muß, richtet sich maßgeblich nach dessen Grundrechtsbezug.“*[42] Je wesentlicher, d.h. je grundrechtsrelevanter eine Entscheidung ist, desto höher die erforderliche Regelungsdichte. Der Gesetzesvorbehalt enthält damit nicht nur eine Zuordnung zum parlamentarischen Gesetzgeber, sondern zugleich ein „Delegationsverbot“.[43] Der Gesetzgeber muss *„die wesentlichen normativen Grundlagen des zu regelnden Rechtsbereichs selbst [festlegen] und [darf] dies nicht dem Handeln etwa der Verwaltung überlassen.“*[44] Der Vorbehalt des Gesetzes erschöpft sich damit nicht in der Forderung nach einer gesetzlichen Grundlage für Grundrechtseingriffe, sondern verlangt vielmehr, dass alle wesentlichen Fragen nicht *„anderen Normgebern“*[45] oder *„dem Handeln und der Entscheidungsmacht der Exekutive“*[46] überlassen werden dürfen.

Welche Angelegenheiten wesentlich und daher durch den parlamentarischen Gesetzgeber selbst zu regeln sind, ist mittels verschiedener Kriterien im Einzelfall gesondert zu ermitteln. Für die Wesentlichkeit einer Angelegenheit können beispielsweise deren Grundrechtsrelevanz, die Größe des Adressatenkreises und gravierende finanzielle Auswirkungen sprechen. Gegen die Wesentlichkeit sprechen insbesondere die Erforderlichkeit flexibler Regelungen, das Vorliegen entwicklungsoffener Sachverhalte und die Entlastung des Parlaments.[47] Es gibt mithin keinen Totalvorbehalt des Gesetzes in dem Sinne, dass jedes exekutive Handeln einer parlamentsgesetzlichen Ermächtigung bedürfe.[48]

Greift die Verwaltung in grundrechtlich geschützte Rechtspositionen der Bürger oder in die Rechts- bzw. Kompetenzsphäre von juristischen Personen ein (sog. Eingriffsverwaltung), muss ein solcher Eingriff regel-

---

42 BVerfG, Beschl. v. 27.11.1990,1 BvR 402/87, Rn. 39 (juris) = BVerfGE 83, 130, 142.
43 *Grzeszick*, in Maunz/Dürig, GG, Art. 20 Rn. 106; vgl. auch *Jarass*, in Jarass/Pieroth, GG, Art. 20 Rn. 72; *Kotzur*, in Münch/Kunig, GG, Art. 20 Rn. 155.
44 BVerfG, Beschl. v. 8.8.1978, 2 BvL 8/77, Rn. 79 (juris) = BVerfGE 49, 89, 126 f.
45 Statt vieler: BVerfG, Urt. v. 8.4.1997,1 BvR 48/94, Rn. 157 (juris) = BVerfGE 95, 267, 307 m.w.N.
46 BVerfG, Beschl. v. 27.11.1990,1 BvR 402/87, Rn. 39 (juris) = BVerfGE 83, 130, 142 m.w.N.
47 S. die Auflistung bei *Grzeszick*, in Maunz/Dürig, GG, Art. 20 Rn. 107; vgl. *Sachs*, in Sachs, GG, Art. 20 Rn. 117 und *Jarass*, in Jarass/Pieroth, GG, Art. 20 Rn. 73 ff.
48 *Grzeszick*, in Maunz/Dürig, GG, Art. 20 Rn. 108; vgl. auch *Kotzur*, in Münch/Kunig, Art. 20 Rn. 155.

mäßig auf eine parlamentsgesetzliche Eingriffsermächtigung rückführbar sein. Grundsätzlich gilt insoweit, dass die Anforderungen an die inhaltliche Regelungsdichte eines Gesetzes steigt, je intensiver der damit verbundene Grundrechtseingriff ausfällt.[49] Eine Rückausnahme gilt, soweit ein bestimmter Sachbereich einer staatlichen Normierung nicht zugänglich ist, so z.b. in Fällen, in denen staatliches Handeln nur faktisch-mittelbare Wirkung entfaltet (wie beispielsweise bei einer Informationstätigkeit der Regierung).[50]

Der Grundsatz des Vorbehalts des Gesetzes betrifft nicht nur die Frage, *„ob ein bestimmter Gegenstand überhaupt gesetzlich geregelt sein muß, sondern auch, wie weit diese Regelungen im einzelnen zu gehen haben."*[51] Das förmliche Gesetz muss hinlänglich bestimmt und genau sein:[52] *„[A]uch Ermächtigungen der Exekutive zur Vornahme belastender Verwaltungsakte durch das ermächtigende Gesetz [müssen] nach Inhalt, Gegenstand, Zweck und Ausmaß hinreichend bestimmt und begrenzt [sein], so daß die Eingriffe meßbar und in gewissem Umfang für den Staatsbürger voraussehbar und berechenbar werden. [...] Eine "vage Generalklausel", die es dem Ermessen der Exekutive überläßt, die Grenzen der Freiheit im einzelnen zu bestimmen, ist mit dem Grundsatz der Gesetzmäßigkeit der Verwaltung nicht vereinbar."*[53]

Damit schließt der Grundsatz des Vorbehalts des Gesetzes behördliches Ermessen zwar nicht aus und verwehrt es dem Gesetzgeber nicht, in gewissem Umfang unbestimmte Begriffe zu verwenden.[54] Das betreffende Gesetz muss die für die Ausfüllung der Spielräume der Verwaltung maßgeblichen Kriterien aber erkennen lassen und darf die Entscheidung nicht über die Grenzen der Freiheit des Bürgers (bzw. der juristischen Personen) in das Ermessen der Verwaltung legen.[55]

---

49 Vgl. *Grzeszick*, in Maunz/Dürig, GG, Art. 20 Rn. 111 m.w.N.; *Jarass*, in Jarass/ Pieroth, GG, Art. 20 Rn. 73; *Kotzur*, in Münch/Kunig, Art. 20 Rn. 155.
50 BVerfG, Beschl. v. 26.6.2002, 1 BvR 670/91, Rn. 78 (juris) = BVerfGE 105, 279, 304 f.
51 BVerfG, Urt. v. 6.7.1999, 2 BvF 3/90, Rn. 125 (juris) = BVerfGE 101, 1, 34 m.w.N.
52 *Jarass*, in Jarass/Pieroth, GG, Art. 20 Rn. 78.
53 BVerfG, Beschl. v. 12.11.1958, 2 BvL 4/56, Rn. 193, 194 (juris) = BVerfGE 8, 274, 325.
54 BVerfG, Beschl. v. 12.11.1958, 2 BvL 4/56, Rn. 198 (juris) = BVerfGE 8, 274, 325.
55 S. hierzu *Sachs*, in Sachs, GG, Art. 20 Rn. 115 m.w.N.

2. Vereinbarkeit der Regelung in § 39a GWB mit dem Grundsatz vom Vorbehalt des Gesetzes, Art. 20 Abs. 3 GG?

Die Unterwerfung eines Zusammenschlussvorhabens unter die (präventive) Fusionskontrolle greift in grundrechtlich geschützte Positionen der betroffenen Unternehmen ein. Konzentrationskontrollpolitische Regelungen wie die §§ 35 ff. GWB – wie auch repressive Entflechtungsregelungen – betreffen sowohl die in Art. 9 Abs. 1 GG verbürgte Vereinigungsfreiheit sowie die Berufs- und Gewerbefreiheit (Art. 12 Abs. 1 GG), die Eigentumsgarantie des Art. 14 Abs. 1 GG sowie die Unternehmerfreiheit (Art. 2 Abs. 1 GG).[56] Der durch die Unterwerfung eines Zusammenschlussvorhabens unter die Fusionskontrolle bewirkte Eingriff in grundrechtlich geschützte Positionen erfolgt sowohl gegenüber dem Unternehmen, dem die Anmeldepflicht auferlegt wird, als auch gegenüber den zu erwerbenden Unternehmen, deren Eigentümer in der Verwertung ihres Vermögens beschränkt werden.

Mit Blick auf das geltende System der §§ 35 ff. GWB (mit Ausnahme des § 39a GWB) ist anerkannt, dass dieses System grundsätzlich verfassungsgemäß ist. Bereits die grundsätzliche Anmeldepflicht und das damit verbundene Vollzugsverbot sind als Eingriffe in grundrechtlich geschützte Positionen zu qualifizieren, die verfassungsrechtlich gerechtfertigt sind. Sofern die Untersagungsvoraussetzung des § 36 Abs. 1 GWB vorliegt, ist selbst der mit einer Untersagung bzw. einer Freigabe unter Nebenbestimmungen verbundene, äußerst starke Eingriff in die oben genannten Grundrechte verhältnismäßig. Das zentrale Argument dabei ist, dass der Eingriff zum Schutz des Wettbewerbs als Institution bzw. der Konsumentenwohlfahrt in Fällen, in denen die Untersagungsvoraussetzungen erfüllt sind, unerlässlich ist.[57] Mit Blick auf die Eigentumsgarantie des Art. 14 Abs. 1 GG ist insbesondere zu beachten, dass die Zusammenschlusskontrolle eine zulässige Inhalts- und Schrankenbestimmung darstellt,[58] zumal das Eigentum seit Inkrafttreten der präventiven Zusammenschlusskontrolle von vornherein in seinen Nutzungs- bzw. Verwertungsmöglichkeiten eingeschränkt

---

56 Vgl. z.B. *Scholz*, in Maunz/Dürig, GG, Art. 12 Rn. 196; *Thomas*, in Immenga/Mestmäcker, Fusionskontrolle, Vor § 35 Rn. 7; *Scholz*, Entflechtung und Verfassung, S. 102ff., 187 ff.
57 *Thomas*, in Immenga/Mestmäcker, Fusionskontrolle, Vor § 35 Rn. 7.
58 BGH, Beschl. v. 27.5.1986, KVR 7/84, Rn. 26 (juris).

ist und sich die Eigentumsgarantie grundsätzlich nicht auf Chancen und Verdienstmöglichkeiten erstreckt.[59]

Diese Erwägungen gelten jedoch nicht mit Blick auf § 39a GWB. § 39a GWB trifft keine Aussage zur materiellen Bewertung der von einer Verfügung des Bundeskartellamts nach § 39a GWB betroffenen Zusammenschlüsse, sondern betrifft allein die Anmeldepflichtigkeit eines Zusammenschlusses. Die Unterwerfung eines Zusammenschlussvorhabens unter die Zusammenschlusskontrolle allein wiegt zwar nicht so schwer wie eine Untersagung bzw. eine Freigabe unter Nebenbestimmungen. Da Letztere jedoch Folge der Unterwerfung eines Zusammenschlusses unter die Fusionskontrolle sein können und die Anmeldepflichtigkeit eines Zusammenschlussvorhabens ein Vollzugsverbot für die Dauer der laufenden Prüfung nach sich zieht, begründet bereits die Anmeldepflicht einen Grundrechtseingriff.

Ungeachtet etwaiger Verstöße gegen materielle Grundrechte durch § 39a GWB bleibt vor dem Hintergrund der gravierenden Folgen, die die Unterwerfung eines Zusammenschlusses unter die Zusammenschlusskontrolle für die Betroffenen hat, kein Raum für einen derart weitreichenden Beurteilungs- und Anwendungsspielraum des Bundeskartellamts. Das Bundeskartellamt agiert im Rahmen des § 39a GWB im grundrechtsrelevanten Bereich. Eine Legitimierung durch ein förmliches Gesetz ist nicht in ausreichendem Umfang gegeben, da das legitimierende Gesetz einerseits nicht hinlänglich klar und bestimmt ist – die betroffenen Unternehmen werden nicht in die Lage versetzt zu erkennen und zu antizipieren, wann ein Tätigwerden des Bundeskartellamts bevorsteht. Andererseits belässt § 39a GWB dem Rechtsanwender – dem Bundeskartellamt – einen weiten, unseres Erachtens zu weiten Entscheidungsspielraum. Die Voraussetzungen, unter denen das Bundeskartellamt nach der neuen Vorschrift tätig werden kann, sind derart weit gefasst, dass damit keine Begrenzung seiner Eingriffsbefugnisse einhergeht.[60] Ausreichend sind bereits *„objektiv nachvollziehbare Anhaltspunkte"* dafür, dass *„durch künftige Zusammenschlüsse der wirksame Wettbewerb ... erheblich behindert werden könnte".* Diese Kriterien sind selbst dann nicht hinreichend konkret, wenn man ergänzend die zusätzlichen Eingriffsvoraussetzungen in § 39a Abs. 1 Nr. 1 und Nr. 3 GWB, die konkrete, nicht auslegungsbedürftige Kriterien vorsehen, berücksich-

59 Statt vieler: BVerfG, Beschl. v. 31.10.1984, 1 BvR 35/82, Rn. 77 (juris) = BVerfGE 68, 193, 222; BGH, Beschl. v. 27.5.1986, KVR 7/84, Rn. 25 (juris). Vgl. zu alledem *Thomas*, in Immenga/Mestmäcker, Fusionskontrolle, Vor § 35 Rn. 7.
60 *Bechtold*, NZKart 2020, 47, 49.

tigt. Trotz dieser konkreten Schwellenwerte bleibt es letztlich offen und ungewiss, ob und wann es zu einer Verfügung des Bundeskartellamts kommt. Die Schwellenwerte, die das Gesetz in § 39a Abs. 1 GWB nennt, sind wegen der unbestimmten, weiten Formulierung in Nr. 2 nicht geeignet, eine hinreichende Berechenbarkeit zu vermitteln.

Diesen Erwägungen steht nicht entgegen, dass nach dem Grundgesetz grundrechtlich geschützte Positionen teilweise nicht nur „durch Gesetz", sondern auch „auf Grund eines Gesetzes" geregelt werden können. Man könnte die Auffassung vertreten, die neue Regelung genüge diesem Erfordernis. Die hiernach zulässige „Aufforderungsregelung" des Bundeskartellamts erfolge auf der Grundlage eben dieser gesetzlichen Vorschrift. Allerdings verfängt diese Argumentation nicht, da die Aufforderungsregelung – wie gezeigt – den Vorgaben der Wesentlichkeitstheorie nicht entspricht. Die inhaltliche Regelungsdichte das § 39a GWB ist nicht hinreichend hoch, um der Schwere der damit verbundenen Eingriffe in grundrechtsrelevante Positionen der betroffenen Unternehmen gerecht zu werden. Dies gilt umso mehr, als der von § 39a GWB betroffene Bereich durchaus staatlicher Normierung zugänglich ist (beispielsweise durch die gesetzliche Festlegung von Schwellenwerten, die sich unmittelbar aus dem Gesetz ergeben). Letztlich handelt es sich bei § 39a GWB um eine *„vage Generalklausel", die es dem Ermessen der Exekutive überlässt, die Grenzen der Freiheit im einzelnen zu bestimmen*[61] und die daher mit dem Grundsatz der Gesetzmäßigkeit der Verwaltung (dessen Ausfluss der Grundsatz vom Vorbehalt des Gesetzes ist) nicht vereinbar ist.

3. Vereinbarkeit der Regelung in § 39a GWB mit Art. 3 Abs. 1 GG?

Daneben begegnet § 39a GWB auch im Hinblick auf den in Art. 3 Abs. 1 GG verankerten allgemeinen Gleichheitssatz verfassungsrechtlichen Bedenken. Bedingt durch den dem Bundeskartellamt eingeräumten Ermessensspielraum ist im Einzelfall ein Verstoß gegen Art. 3 Abs. 1 GG kaum zu vermeiden: Das Bundeskartellamt ist nämlich gerade nicht gehalten, stets, gegenüber allen potentiell in Betracht kommenden Unternehmen und in jedem Fall, in dem die Voraussetzungen des § 39a GWB erfüllt sind, eine Verfügung zu erlassen. Stattdessen kann sich das Bundeskartellamt auf einen oder wenige Fälle beschränken und wird dies schon auf-

---

61 Vgl. BVerfG, Beschl. v. 12.11.1958, 2 BvL 4/56, Rn. 194 (juris) = BVerfGE 8, 274, 325.

grund knapper Kapazitäten im Zweifelsfall auch tun müssen. Angesichts der Schwere des Eingriffs ist nicht erkennbar, dass ein Verstoß gegen den Gleichheitsgrundsatz sachlich gerechtfertigt werden kann.[62]

4. Zwischenfazit

Die Unterwerfung eines Zusammenschlussvorhabens unter die (präventive) Fusionskontrolle greift in grundrechtlich geschützte Positionen der betroffenen Unternehmen ein. Dies gilt in erster Linie mit Blick auf die Untersagung eines Zusammenschlusses bzw. die Freigabe nur unter Nebenbestimmungen. Auch die Unterwerfung eines Zusammenschlussvorhabens unter die Zusammenschlusskontrolle begründet jedoch bereits einen Grundrechtseingriff. Vor dem Hintergrund der gravierenden Folgen, die die Unterwerfung eines Zusammenschlusses unter die Zusammenschlusskontrolle für die Betroffenen hat, verbleibt kein Raum für den durch § 39a GWB vermittelten, sehr weitreichenden Beurteilungs- und Anwendungsspielraum des Bundeskartellamts. Da die Legitimierung des Bundeskartellamts durch ein förmliches Gesetz nicht in ausreichendem Umfang gegeben ist – § 39a GWB ist weder hinlänglich klar noch bestimmt genug, dass die betroffenen Unternehmen in die Lage versetzt würden zu erkennen und zu antizipieren, wann ein Tätigwerden des Bundeskartellamts bevorsteht – und § 39a GWB dem Bundeskartellamt einen zu weiten Entscheidungsspielraum einräumt, entspricht § 39a GWB nicht den Vorgaben des Art. 20 Abs. 3 GG.

Bedenken gegen die Verfassungsmäßigkeit der Norm können – und müssen, sofern sich ein Normadressat zu einem späteren Zeitpunkt beim Bundesverfassungsgericht („**BVerfG**") auf die Verfassungswidrigkeit berufen möchte – bereits im Rahmen eines Beschwerdeverfahrens vor dem Oberlandesgericht Düsseldorf („**OLG Düsseldorf**") sowie im sich ggf. daran anschließenden Rechtsbeschwerdeverfahren vor dem Bundesgerichtshof („**BGH**") vorgebracht und (nachdem das (Rechts-)Beschwerdegericht die Frage dem BVerfG vorgelegt hat) im Rahmen des Verfahrens der konkreten Normenkontrolle nach Art. 100 GG dem BVerfG vorgetragen werden. Erfolgt eine solche Vorlage nicht, kann gegen eine Entscheidung des BGH (entweder in der Sache selbst oder auf Basis der Nichtzulassung der Rechtsbeschwerde) eine (Urteils-)Verfassungsbeschwerde erhoben werden (s. dazu im Detail die Ausführungen unter D.IV.2.b)).

---

62 *Bechtold*, NZKart 2020, 47, 49.

C. Anwendungsvoraussetzungen von § 39a GWB

I. Tatbestandsvoraussetzungen des § 39a Abs. 1 GWB

Nach § 39a Abs. 1 GWB kann das Bundeskartellamt ein Unternehmen durch Verfügung verpflichten, jeden Zusammenschluss des Unternehmens mit anderen Unternehmen in einem oder mehreren bestimmten Wirtschaftszweigen anzumelden, wenn

(1.) das Unternehmen im letzten Geschäftsjahr weltweit Umsatzerlöse von mehr als 500 Millionen Euro erzielt hat,

(2.) objektiv nachvollziehbare Anhaltspunkte dafür bestehen, dass durch künftige Zusammenschlüsse der wirksame Wettbewerb im Inland in den genannten Wirtschaftszweigen erheblich behindert werden könnte und

(3.) das Unternehmen in den genannten Wirtschaftszweigen einen Anteil von mindestens 15 % am Angebot oder an der Nachfrage von Waren oder Dienstleistungen in Deutschland hat.

Eine Verfügung nach § 39a Abs. 1 GWB setzt neben in Abs. 2 definierten, zu mehr als zwei Drittel im Inland erzielten Mindestumsatzerlösen von mehr als 2 Millionen Euro gemäß § 39a Abs. 3 GWB weiter voraus, dass

(4.) das Bundeskartellamt auf einem der betroffenen Wirtschaftszweige zuvor eine Sektoruntersuchung durchgeführt hat.

1. Nicht auslegungsbedürftige Tatbestandsmerkmale des § 39a Abs. 1 GWB

a) Unternehmen

Bezüglich des Unternehmensbegriffs bestehen keine Besonderheiten gegenüber den sonstigen Regelungen des GWB, d.h. es gilt der herkömmliche kartellrechtliche Unternehmensbegriff. Es ist somit der konzernweite Umsatz der Erwerberin in Anschlag zu bringen. Die Umsatzberechnung folgt wie üblich den Vorgaben des § 38 GWB.[63]

---

63 S. auch *Steinvorth/Gasser*, WuW 2021, 158.

Für die Frage, welche Unternehmen von einer Verfügung nach § 39a Abs. 1 GWB betroffen sind, ist ebenfalls eine Konzernbetrachtung angezeigt, d.h. die Anmeldepflicht trifft alle mit dem Verfügungsadressaten verbundenen Unternehmen, vgl. § 36 Abs. 2 GWB.

b) Zusammenschluss

Von einer Verfügung nach § 39a Abs. 1 GWB werden sämtliche Arten von Zusammenschlüssen nach § 37 GWB – d.h. Vermögenserwerb, Anteilserwerb und Kontrollerwerb sowie der Erwerb wettbewerblich erheblichen Einflusses – erfasst. Hierzu zählt auch die Gründung von Gemeinschaftsunternehmen.

2. Das Kriterium der Wirtschaftszweige

Eine Verfügung nach § 39a GWB bezieht sich auf „einen oder mehrere bestimmte Wirtschaftszweige". Damit wählt der Gesetzgeber eine im Rahmen der deutschen und europäischen Fusionskontrolle, die an verschiedenen Märkten und den dort herrschenden Wettbewerbsbedingungen anknüpft, bisher nicht verwandte Begrifflichkeit: Zwar ist der Begriff „Wirtschaftszweig" dem GWB nicht unbekannt – so bezieht sich beispielsweise § 32e GWB („Untersuchungen einzelner Wirtschaftszweige und einzelner Arten von Vereinbarungen") auf Wirtschaftszweige. Auch sein europäisches Pendant, Art. 17 VO 1/2003 bzw. dessen Vorgängernorm Art. 12 VO 17/62, verwendet den Begriff.[64] Im Rahmen der deutschen und europäischen Fusionskontrolle stellt die Bezugnahme auf Wirtschaftszweige aber eine Neuerung dar.

a) Einleitung: Marktabgrenzung

Der Begriff des Wirtschaftszweigs – oder der des Sektors; beide Begriffe werden synonym verwendet[65] – ist weiter als derjenige des Marktes und

---

64 S. hierzu statt vieler *Bechtold/Bosch/Brinker*, EU-Kartellrecht, Art. 17 VO 1/2003, Rn. 1 ff.

65 *Bechtold/Bosch*, GWB, § 32e Rn. 3; *Hennig*, in Immenga/Mestmäcker, Art. 17 VO 1/2003, Rn. 14 m.w.N.

umfasst typischerweise ein Bündel verschiedener Märkte. Auf den betreffenden Märkten sind typischerweise eine Mehrzahl von Unternehmen gleichermaßen tätig – entweder, weil sie bestimmte Produkte oder Dienstleistungen anbieten oder nachfragen oder weil sie im Hinblick auf bestimmte Produkte oder Dienstleistungen die gleiche Funktion wahrnehmen (z.B. Herstellung und/oder Handel mit bestimmten Produkten).[66]

Zur Abgrenzung eines kartellrechtlich relevanten Marktes wird das Bedarfsmarktkonzept herangezogen. Danach ist die funktionelle Austauschbarkeit der Produkte oder Dienstleistungen aus Sicht der Marktgegenseite entscheidend. Ein sachlich relevanter Markt umfasst *„sämtliche Erzeugnisse und/oder Dienstleistungen, die von den Verbrauchern hinsichtlich ihrer Eigenschaften, Preise und ihres vorgesehenen Verwendungszwecks als austauschbar oder substituierbar angesehen werden.“*[67]

b) Bestimmung relevanter Wirtschaftszweige

Anders als bei der Bestimmung des relevanten Markts kommt bei der Bestimmung eines Wirtschaftszweigs das Bedarfsmarktkonzept nicht zur Anwendung. Die Bestimmung eines Wirtschaftszweigs folgt keinen festgelegten, ökonomischen Kriterien. Auch wenn sich keine genaue Definition oder Begriffsbestimmung finden lässt (und eine solche vermutlich auch nicht sinnvoll ist), lässt sich jedenfalls festhalten, dass der Begriff des Wirtschaftszweiges weit über den Begriff des Marktes im kartellrechtlichen Sinne hinausgeht. Daher ist nicht nur ein weites, möglicherweise auch weniger präzises, flexibleres Verständnis geboten, sondern auch eine andere Herangehensweise und Methodik bei der Identifizierung eines relevanten Wirtschaftszweiges und dessen Abgrenzung von anderen Wirtschaftszweigen. Eine spezifizierende Typisierung der Tätigkeiten, die einen Wirtschaftszweig ausmachen, erscheint daher ebenso charakteristisch wie die Berücksichtigung einer erheblichen Bandbreite der Aktivitäten, die unter dem Begriff des Wirtschaftszweiges zusammengefasst werden. Allerdings muss den Aktivitäten eine gewisse Kernkomponente gemein sein, damit sie zu einem Wirtschaftszweig zusammengefasst werden können.[68]

---

66 *Bach*, in Immenga/Mestmäcker, § 32e Rn. 12 m.w.N.
67 Bekanntmachung der Kommission über die Definition des relevanten Marktes im Sinne des Wettbewerbsrechts der Gemeinschaft, ABl. EG 1997 C 372/5.
68 Vgl. insoweit *Brinker/Haag*, BB 2021, 1987, 1989.

Welche Wirtschaftszweige von einer Verfügung nach § 39a Abs. 1 GWB betroffen sind, obliegt der Entscheidung des Bundeskartellamts. Dieses hat insoweit einen („Ermessens-"[69])Spielraum. Bei der Bestimmung der relevanten Wirtschaftszweige ist das Bundeskartellamt durch den Verhältnismäßigkeitsgrundsatz und das Willkürverbot gebunden. Bestehen Zweifel über die Reichweite des Untersuchungsgegenstands, hat das Bundeskartellamt denjenigen Zuschnitt zu wählen, der am ehesten die verlässliche Feststellung erlaubt, ob Wettbewerbsbeschränkungen vorliegen.[70] Die Wahl von Oberbegriffen wie etwa dem des „Dienstleistungssektors"[71] oder des „Sektors der verarbeitenden Industrie"[72] wäre jedoch jedenfalls zu weit.

Bei der Bestimmung der Wirtschaftszweige im Rahmen des § 39a GWB kann das Bundeskartellamt ausweislich der Gesetzesbegründung auf die Gliederung der Klassifikation der Wirtschaftszweige des Statistischen Bundesamts (WZ 2008) zurückgreifen.[73] Auch die NACE Rev. 2[74]-Codes aus der statistischen Systematik der Wirtschaftszweige in der Europäischen Gemeinschaft dürften eine Orientierungshilfe bieten. Das mag in vielen Fällen sinnvoll sein, wird aber nicht in jedem Fall zur einwandfreien Abgrenzung dienen können. In diesem Sinne scheint auch der Hinweis des Gesetzgebers zu verstehen sein, der den Rückgriff auf die Klassifikationen der Wirtschaftszweige durch das Statistische Bundesamt als Möglichkeit nennt, nicht jedoch als abschließende Methode vorschlägt.[75]

Die abgeschlossenen Sektoruntersuchungen des Bundeskartellamts offenbaren, dass sich das Bundeskartellamt an der Klassifikation der Wirtschaftszweige des Statistischen Bundesamtes bisher allenfalls orientiert hat. Dies zeigt sich beispielsweise an der abgeschlossenen Sektoruntersuchung Zement und Transportbeton:[76] Das Statistische Bundesamt identifi-

---

69 Begründung zum Gesetzesentwurf der Bundesregierung v. 19.10.2020, BT-Drs. 19/23492, S. 95. Richtigerweise handelt es sich um einen Beurteilungsspielraum, da die Frage der Bestimmung der Wirtschaftszweige nicht (nur) die Rechtsfolgen-, sondern (auch) die Tatbestandsseite betrifft. So auch *Steinvorth/Gasser*, WuW 2021, 157.
70 Vgl. zu § 32e GWB *Bach*, in Immenga/Mestmäcker, § 32e Rn. 16.
71 Vgl. zu § 32e GWB *Bach*, in Immenga/Mestmäcker, § 32e Rn. 15.
72 *Jungermann*, in FK, § 32e GWB, Rn. 9.
73 Begründung zum Gesetzesentwurf der Bundesregierung v. 19.10.2020, BT-Drs. 19/23492, S. 95.
74 Akronym für *"nomenclature statistique des activités économiques dans la Communauté européene"*.
75 S. insoweit auch *Brinker/Haag*, BB 2021, 1987, 1989.
76 BKartA, Sektoruntersuchung Zement und Transportbeton, Bericht gemäß § 32e GWB, B1–73/13, Juli 2017.

ziert einen Wirtschaftsbereich „*Herstellung von Frischbeton (Transportbeton)*" (23.63.0). Die Herstellung von Zement ordnet es einem anderen Wirtschaftszweig zu (23.51). Das Bundeskartellamt hat in seiner Sektoruntersuchung beide Wirtschaftszweige zusammengefasst.

Mit seiner Sektoruntersuchung Außenwerbung[77] untersuchte das Bundeskartellamt indes nur einen Teilaspekt des vom Statistischen Bundesamt identifizierten Wirtschaftszweigs „*Werbeagenturen*" (73.11.0), der die gesamte Palette von Werbeaktivitäten, einschließlich der Planung und Platzierung von Außenwerbung umfasst.[78]

Auch die abgeschlossene Sektoruntersuchung Duale Systeme, noch mehr aber die derzeit andauernde Sektoruntersuchung Haushaltsabfälle befasst sich mit einem engeren Bereich als vom Statistischen Bundesamt vorgesehen: Das Statistische Bundesamt klassifiziert die „Sammlung von Haushalts-, Industrie- und Gewerbeabfällen in Mülltonnen, fahrbaren Behältern, Containern usw." als eine Unterklasse der Sammlung nicht-gefährlicher Abfälle.[79] Das Bundeskartellamt unterscheidet indes zwischen Haushalts- und Gewerbeabfällen und untersucht einen Wirtschaftszweig „Haushaltsabfälle".

c) Räumliche Ausdehnung eines Wirtschaftszweiges i.S.v. § 39a GWB

§ 39a Abs. 1 Nr. 2 GWB setzt voraus, dass wirksamer Wettbewerb „*im Inland in den genannten Wirtschaftszweigen*" erheblich behindert werden könnte. Ob sich der insoweit hergestellte räumliche Bezug allein auf die Wettbewerbsbeschränkung, die im Inland bzw. auf dem inländischen Teil des Wirtschaftszweiges auftreten muss, oder auch auf die räumliche Ausdehnung des betreffenden Wirtschaftszweiges überhaupt (in dem Sinne, dass zu dem betreffenden Wirtschaftszweig nur Märkte gehören dürfen, die im ökonomischen Sinne maximal national abgegrenzt werden), bezieht, ergibt sich aus dem Wortlaut der Regelung nicht.

Mit Blick auf Unternehmen, die auch auf Märkten, die in räumlicher Hinsicht national oder weiter als national abgegrenzt werden, tätig sind, ist diese Frage nicht rein akademischer Natur: Könnten nur solche Wirtschaftszweige, die maximal national abgegrenzte Märkte umfassen, Gegen-

---

77 BKartA, Eckpunktepapier zu den Ergebnissen der Sektoruntersuchung im Bereich Außenwerbung, 26.11.2009.
78 Statistisches Bundesamt, Klassifikation der Wirtschaftszweige (WZ 2008), S. 474.
79 Statistisches Bundesamt, a.a.O., Bereiche 38.11.0, S. 340.

stand einer Verfügung nach § 39a GWB sein, wäre das Bundeskartellamt gehindert, eine Anmeldepflicht mit Blick auf „größere" Wirtschaftszweige zu verfügen. Dies würde dem Anwendungsbereich des § 39a GWB jedenfalls diejenigen Wirtschaftszweige entziehen, die Märkte umfassen, die europa- oder gar weltweit abgegrenzt werden.

Im Zusammenhang mit § 32e GWB, der dem Bundeskartellamt die Befugnis verleiht, unter bestimmten Voraussetzungen (siehe dazu unter C.II.) einzelne Wirtschaftszweige zu untersuchen, wird die Ansicht vertreten, der Wortlaut dieser Regelung enthalte keine Vorgabe für die räumliche Eingrenzung des Wirtschaftszweigs.[80] Gleichwohl spricht im Rahmen des § 32e GWB viel dafür, dass eine räumliche Eingrenzung dergestalt, dass nur „nationale" Wirtschaftszweige Gegenstand einer Sektoruntersuchung des Bundeskartellamts sein können, angezeigt ist.[81] Andernfalls käme es zu einem Zuständigkeitskonflikt zwischen dem Bundeskartellamt und der Europäischen Kommission, in deren Zuständigkeitsbereich Untersuchungen fallen, die den „Wettbewerb im Gemeinsamen Markt" betreffen und daher einen supranationalen Bezug aufweisen.[82]

Diese Erwägungen kommen auch im Rahmen des § 39a GWB zum Tragen: § 39a Abs. 3 GWB setzt voraus, dass eine Verfügung nach Abs. 1 nur erlassen werden kann, wenn das *Bundeskartellamt* zuvor eine Sektoruntersuchung durchgeführt hat. Die Durchführung einer Sektoruntersuchung nach Art. 17 Abs. 1 VO 1/2003 durch die *Europäische Kommission* genügt gerade nicht. Vor diesem Hintergrund kann argumentiert werden, dass die im Bereich der Sektoruntersuchung erfolgte Abgrenzung der Zuständigkeiten bzw. die ausdrückliche Zuständigkeit der Europäischen Kommission für Wirtschaftszweige mit Bedeutung für den Wettbewerb im Gemeinsamen Markt durch § 39a GWB nicht in Frage gestellt wird. Im Übrigen darf die Zuständigkeitsverteilung zwischen der Europäischen Kommission und dem Bundeskartellamt durch § 39a GWB nicht konterkariert werden. Dahinter steht die vom Europäischen Gesetzgeber getroffene

---

80 Vgl. die Nachweise bei *Bechtold/Bosch*, GWB, § 32e Rn. 3.
81 *Bechtold/Bosch*, GWB, § 32e Rn. 3. Im Ergebnis zustimmend *Bach*, in Immenga/Mestmäcker, GWB, § 32e Rn. 17: Untersuchungen des Bundeskartellamts sind nicht geeignet, verlässliche Informationen über Wettbewerbsverhältnisse außerhalb Deutschlands zutage zu fördern. Eine entsprechende Sektoruntersuchung des Bundeskartellamts wäre damit ungeeignet und unverhältnismäßig, sofern der zu untersuchende Sektor räumliche Märkte, die erheblich weiter als das Inland sind, umfasst. A.A. *Otto* in LMRKM, Kartellrecht, § 32e GWB Rn. 6.
82 Vgl. nur *Bechtold/Bosch*, GWB, § 32e Rn. 3.

Wertentscheidung, dass die Verantwortung für den Binnenmarkt bei der Europäischen Kommission liegt.

Nach alledem gehen wir davon aus, dass Wirtschaftszeige, für die eine Anmeldepflicht durch Verfügung nach § 39a Abs. 1 GWB begründet wird, nur solche sein können, in denen in geographischer Hinsicht maximal national abgegrenzte Märkte gebündelt werden. Dies gilt umso mehr vor dem Hintergrund, dass das Bundeskartellamt nur auf solchen Märkten Sektoruntersuchungen durchführen kann. Die Durchführung einer Sektoruntersuchung ist jedoch für jeden in einer Verfügung nach § 39a GWB benannten Wirtschaftszweig zwingend (s. dazu die Ausführungen in Abschnitt C.II.).

3. Die Anwendungsvoraussetzungen von § 39a Abs. 1 Nr. 2 GWB

Der Erlass einer Verfügung setzt weiter voraus, dass objektiv nachvollziehbare Anhaltspunkte (a)) dafür bestehen, dass durch künftige Zusammenschlüsse der wirksame Wettbewerb im Inland in den in der Verfügung genannten Wirtschaftszweigen erheblich behindert werden könnte (b)), § 39a Abs. 1 Nr. 2 GWB.

a) Objektiv nachvollziehbare Anhaltspunkte

Der Begriff der Anhaltspunkte ist dem GWB nicht grundsätzlich fremd, sondern wird beispielsweise in § 47b Abs. 6 und 7, § 47k Abs. 4, § 75 Abs. 4, § 116 Abs. 1 Nr. 1 lit. b) und § 124 Abs. 1 Nr. 4 GWB verwendet. Die entsprechenden Regelungen beleuchten aber gänzlich andere Sachverhalte als § 39a GWB, sodass sich eine Übertragung der in diesem Zusammenhang ergangenen Rechtsprechung auf die vorliegende Konstellation verbietet.[83] Dies gilt selbst für § 124 Abs. 1 Nr. 4 GWB, der – verglichen mit den anderen o.g. Normen – dem Regelungsgehalt des § 39a GWB noch am nächsten kommt. Die in diesem Zusammenhang diskutierten bzw. in der Gesetzesbegründung beschriebenen Beispiele (beispielsweise wird das Vorliegen von Anhaltspunkten bejaht, wenn eine Kartellbehörde einen Verstoß gegen das Kartellverbot in einer Entscheidung festgestellt hat[84])

83 S. auch *Becker*, ZWeR 2020, 391f.
84 Begründung zum Gesetzesentwurf der Bundesregierung v. 8.10.2015, BT-Drs. 18/6281, S. 106.

lassen eine Übertragung auf § 39a GWB – auch wegen des präventiven Charakters der Fusionskontrolle – nicht zu.[85]

Die nach § 39a Abs. 1 Nr. 2 GWB geforderten Anhaltspunkte müssen *objektiv nachvollziehbar* sein. Insoweit wurde die Regelung des § 39a Abs. 1 Nr. 2 GWB gegenüber der Erstfassung des Referentenentwurfs eingeschränkt. Wann solche objektiv nachvollziehbaren Anhaltspunkte bestehen, bleibt offen.

Die Gesetzesbegründung bietet aber eine Auslegungshilfe: Danach geht der Gesetzgeber davon aus, dass sich objektiv nachvollziehbare Anhaltspunkte insbesondere aus einer Sektoruntersuchung des Bundeskartellamts ergeben können. Auch der Umstand, dass ein bereits marktmächtiges Unternehmen schrittweise kleine Wettbewerber übernimmt oder ein Unternehmen in einem bestimmten Wirtschaftsbereich oder einem bereits konzentrierten Markt die für seine Marktposition potenziell gefährlichen Newcomer aufkauft, wird genannt. Anhaltspunkte können sich ausweislich der Gesetzesbegründung zudem aus Beschwerden von Wettbewerbern, Kunden oder Verbrauchern ergeben.[86] Die Gesetzesbegründung ist insoweit gegenüber der Fassung des Referentenentwurfs unverändert geblieben und trägt damit dem gegenüber dem Referentenentwurf neu eingefügten Abs. 3 (s. dazu Abschnitt C.II.) keine Rechnung.

Nach § 39a Abs. 3 GWB setzt der Erlass einer Anmeldeverfügung voraus, dass das Bundeskartellamt auf einem der betroffenen Wirtschaftszweige zuvor eine Sektoruntersuchung durchgeführt hat. Da eine Sektoruntersuchung, wie noch zu zeigen ist, nur dann als tauglicher Anknüpfungspunkt für eine Verfügung nach Abs. 1 dienen kann, wenn die darin untersuchten Wirtschaftszweige in zeitlichem und sachlichem Zusammenhang mit der Anmeldeverfügung stehen und die Sektoruntersuchung auf den untersuchten Wirtschaftszweigen wettbewerbliche Bedenken offenbart hat (s. dazu die Ausführungen in Abschnitt C.II.), ist die Aufzählung in der Gesetzesbegründung zu weitgehend. Offenbart eine Sektoruntersuchung keine wettbewerblichen Bedenken, können sich auch aus Beschwerden von Wettbewerbern, Kunden oder Verbrauchern sowie aus einer vermeintlich auf *Stealth Consolidation*[87] gerichteten Akquisitionsstrategie keine objektiv

---

85 Zust. *Becker,* ZWeR 2020, 392.

86 Begründung zum Gesetzesentwurf der Bundesregierung v. 19.10.2020, BT-Drs. 19/23492, S. 95.

87 S. zum Begriff *Wollman,* American Economic Review: Insights, 1(1), 77: *[A]nti-competitive deals whose individual size enables them to escape regulatory scrutiny but whose cumulative effect is large".*

nachvollziehbaren Anhaltspunkte für eine Wettbewerbsbehinderung ergeben. All diese Punkte wären im Rahmen der durchgeführten Sektoruntersuchung untersucht worden. Würde trotz gegenteiliger Ergebnisse einer
Sektoruntersuchung eine Anmeldeverfügung z.B. auf durch Wettbewer-
berbeschwerden gegründete Anhaltspunkte gestützt, würden die Ergebnisse einer Sektoruntersuchung konterkariert und die Regelung des Abs. 3 ad
absurdum geführt.

Aus gesetzessystematischen Gründen ist ein Zusammenhang zwischen
den Ergebnissen der nach Abs. 3 durchzuführenden Sektoruntersuchung
und den objektiv nachvollziehbaren Anhaltspunkten, der es zum Erlass
einer Verfügung nach Abs. 1 Nr. 2 bedarf, notwendig. Nur wenn eine Sektoruntersuchung wettbewerbliche Bedenken offenbart, können objektiv
nachvollziehbare Anhaltspunkte für eine erhebliche Behinderung wirksamen Wettbewerbs bestehen. Es muss eine Kausalitätsbeziehung zwischen
den zur Begründung einer Anmeldeverfügung angeführten objektiv nachvollziehbaren Anhaltspunkten und der nach § 39a Abs. 3 GWB notwendigen Sektoruntersuchung bestehen. Die Gesetzesbegründung als Auslegungshilfe muss insoweit hinter der objektiven Regelungssystematik zu-
rücktreten.

b) Erhebliche Behinderung wirksamen Wettbewerbs im Inland durch
    künftige Zusammenschlüsse

Gegenüber dem Referentenentwurf wurde der Erlass einer Verfügung
nach § 39a Abs. 1 GWB auch insoweit an strengere Voraussetzungen geknüpft, als dies nunmehr die Möglichkeit einer *erheblichen Behinderung
wirksamen* Wettbewerbs voraussetzt. Der Wortlaut des § 39a GWB wurde
insoweit an § 36 Abs. 1 GWB und den darin verankerten SIEC[88]-Test ange-
passt (wobei Letzterer auf die Verhältnisse auf einem *Markt* bzw. mehreren
konkreten *Märkten* abstellt) und ist insoweit systematisch mit Blick auf
die Untersagungsvoraussetzungen in § 36 Abs. 1 GWB auszulegen und an-
zuwenden.[89]

Zwar genügt es nach dem Gesetzeswortlaut, dass (objektiv nachvollziehbare) *Anhaltspunkte* bestehen, dass der Wettbewerb auf einem Markt bzw.
mehreren Märkten in den genannten Wirtschaftszweigen erheblich behindert werden *könnte*: Die Verknüpfung von „*Anhaltspunkte*" und „*könnte*"

---

88 Acronym für *"Significant Impediment to Effective Competition"*.
89 *Bechtold/Bosch*, GWB, § 39a, Rn. 5.

ist grammatikalisch redundant, könnte aber als Indiz gewertet werden, dass der Gesetzgeber die Eingriffsschwelle niedrig halten wollte.[90] Angesichts der mit § 39a GWB einhergehenden hohen Eingriffsintensität ist dieser Schluss aber nicht richtig.[91]

Dies gilt zunächst vor dem Hintergrund, dass der Gesetzgeber die Regelung des § 39a GWB im Laufe des Gesetzgebungsverfahrens erheblich verschärft hat: Zum einen durch die Änderungen im Wortlaut des Abs. 1 Nr. 2, zum anderen durch die Ergänzung eines Mindestanteils am Angebot oder an der Nachfrage von Waren oder Dienstleistungen in Deutschland in den betreffenden Wirtschaftszweigen (Nr. 3) sowie die Ergänzung des Erfordernisses des vorherigen Abschlusses einer Sektoruntersuchung (Abs. 3). Durch die gegenüber dem Referentenentwurf vorgenommenen Verschärfungen wird die Intention des Gesetzgebers, eine hohe Eingriffsschwelle anzulegen, deutlich. Dies zeigt sich auch an der Gesetzesbegründung, in der der Gesetzgeber ausdrücklich darauf hinweist, dass *„die Aufforderung zur Anmeldung künftiger Zusammenschlüsse unterhalb der üblichen Umsatzschwellen [...] an enge Voraussetzungen gebunden [ist]."*[92]

Auch der Umstand, dass es nunmehr einer *erheblichen Behinderung wirksamen* Wettbewerbs bedarf – der Referentenentwurf sah eine bloße *Einschränkung* des Wettbewerbs vor –, spricht für eine hohe Eingriffsschwelle. Jeder horizontale und – wenn auch in geringerem Maße – jeder vertikale Zusammenschluss ist mit einer (nicht unbedingt erheblichen) Einschränkung des Wettbewerbs verbunden. Daher zeigt die insoweit vorgenommene Verschärfung des Wortlauts, dass das mit den von einer Anmeldeverfügung betroffenen Zusammenschlüssen einhergehende Gefährdungspotenzial für den Wettbewerb auf einem Markt bzw. mehreren Märkten in den genannten Wirtschaftszweigen über das üblicherweise mit jedem Zusammenschluss einhergehende Gefährdungspotenzial hinausgehen muss.

§ 39a Abs. 1 Nr. 2 GWB verlangt daher richtigerweise den Nachweis konkreter Umstände, aus denen sich Hinweise auf eine mögliche erhebli-

---

90 S. insoweit zur vergleichbaren Formulierung des § 32e Abs. 1 GWB (*„Lassen starre Preise oder andere Umstände vermuten, dass der Wettbewerb im Inland möglicherweise eingeschränkt oder verfälscht ist, [...]."*): *Jungermann* in FK, § 32e GWB, Rn. 8 (*„semantische Redundanz"*).

91 Vgl. zur vergleichbaren Formulierung des § 32e Abs. 1 GWB: *Bechtold/Bosch*, GWB, § 32e Rn. 5; *Bach*, in Immenga/Mestmäcker, § 32e Rn. 9 (unter Verweis auf die englischsprachige Fassung des Art. 17 VO 1/2003, dessen deutschsprachige Formulierung das Vorbild für die Formulierung des § 32e GWB war).

92 Begründung zum Gesetzesentwurf der Bundesregierung v. 19.10.2020, BT-Drs. 19/23492, S. 95.

che Wettbewerbsbehinderung ergeben.[93] Da die mit einer Verfügung nach § 39a GWB einhergehende Eingriffsintensität ungleich höher ist als im Rahmen des § 32e GWB, ist § 39a Abs. 1 Nr. 2 GWB systematisch und teleologisch dahin auszulegen, dass die Voraussetzungen des Nr. 2 nur erfüllt sind, wenn ein konkreter Anfangsverdacht mit Blick auf eine erhebliche Behinderung wirksamen Wettbewerbs durch künftige Zusammenschlüsse nachgewiesen werden kann. Das Tatbestandsmerkmal *„könnte"* in § 39a Abs. 1 Nr. 2 GWB ist damit nicht als bloße Möglichkeit, sondern als „Wahrscheinlichkeit" einer erheblichen Behinderung wirksamen Wettbewerbs auszulegen.

c) Zwischenfazit

Eine Analyse des Wortlauts und der Entstehungsgeschichte des § 39a GWB sowie der vom Gesetzgeber mit der Schaffung der Regelung verfolgten Zielsetzung ergibt, dass die Voraussetzungen des § 39a Abs. 1 Nr. 2 GWB eng auszulegen sind. Hinter den Untersagungsvoraussetzungen des § 36 Abs. 1 GWB bleibt § 39a Abs. 1 Nr. 2 GWB insoweit zurück, als der Nachweis einer erheblichen Behinderung wirksamen Wettbewerbs durch einen konkreten Zusammenschluss nicht erbracht werden muss. Es müssen jedoch zumindest konkrete Umstände, die die Wahrscheinlichkeit einer solchen Wettbewerbsbehinderung auf einem Markt bzw. mehreren Märkten in den genannten Wirtschaftszweigen durch künftige Zusammenschlüsse begründen, dargelegt und bewiesen werden. Diese Umstände müssen sich aus der nach Abs. 3 vor Erlass der Anmeldeverfügung abzuschließenden Sektoruntersuchung ergeben.

Mit § 39a Abs. 1 Nr. 2 GWB wurde ein an sich materielles Kriterium zur Beurteilung der Genehmigungsfähigkeit von Zusammenschlussvorhaben Teil der formellen Fusionskontrolle. Dies ist eine Abkehr von den jüngeren Entwicklungen des deutschen Fusionskontrollrechts: Zuletzt wurde die Bagatellmarktklausel im Zuge der 8. GWB-Novelle im Jahr 2013 als Teil der materielle Fusionskontrolle etabliert (zuvor war die Bagatellmarktklausel Teil der formellen Fusionskontrolle).[94] Zur Begründung wurde

---

93 Vgl. zu § 32e GWB: *Bach*, in Immenga/Mestmäcker, § 32e Rn. 9 f.
94 Nach der vormals geltenden Rechtslage waren Zusammenschlüsse nicht anmeldepflichtig, soweit Bagatellmärkte betroffen waren (§ 35 Abs. 2 S. 1 Nr. 2 GWB a.F.). Es oblag damit den betroffenen Unternehmen, zu entscheiden, ob ein Zusammenschluss einen Bagatellmarkt betraf.

angeführt, dass die Voraussetzungen der Anmeldepflicht ohne größeren Ermittlungsaufwand anhand quantitativer Kriterien feststellbar sein sollen, was bei der Marktabgrenzung und der Ermittlung der Marktvolumina oft nicht der Fall sei.[95] Diese Schwierigkeiten bestehen auch im Rahmen der Frage, inwiefern mit künftigen Zusammenschlüssen eine erhebliche Behinderung wirksamen Wettbewerbs im Inland einhergehen könnte, wobei die Nachweisschwierigkeiten hier – anders als nach der vormals geltenden Bagatellmarktklausel – das Bundeskartellamt treffen.

4. Die Anwendungsvoraussetzungen von § 39a Abs. 1 Nr. 3 GWB

a) Anteil von 15 % an Angebot oder Nachfrage in Wirtschaftszweigen

§ 39a Abs. 1 Nr. 3 GWB setzt des Weiteren voraus, dass das Bundeskartellamt eine Verfügung nach Abs. 1 nur erlassen kann, wenn das betreffende Unternehmen *„in den genannten Wirtschaftszweigen einen Anteil von mindestens 15 % am Angebot oder an der Nachfrage von Waren oder Dienstleistungen in Deutschland hat"*. Auf diese Weise wird sichergestellt, dass von der Möglichkeit einer Verfügung nach § 39a Abs. 1 GWB nur Unternehmen betroffen sein können, denen eine gewisse volkswirtschaftliche Bedeutung zukommt.[96]

Anteil an Angebot oder Nachfrage ist etwas Anderes als das, was den Marktanteil als Anteil an Absatz oder Einkauf kennzeichnet. Am Angebot nehmen nicht nur diejenigen Unternehmen teil, die tatsächlich absetzen, sondern auch diejenigen, die absetzen könnten, und deswegen anbieten. Von einer Mehrzahl von Anbietern wird in der Summe mehr angeboten, als tatsächlich an den einzelnen Nachfrager abgesetzt wird. Das bedeutet, dass sich der Angebotsanteil nicht nur am Absatz, sondern auch an Absatzmöglichkeiten orientiert. Bemessungsgrundlagen dafür können beispielsweise Kapazitäten oder Beschäftigtenzahlen sein. Umgekehrt kommt es für den Nachfrageanteil nicht nur auf die konkrete Nachfrage, sondern auf den umfassenderen Bedarf an, der Nachfrage generieren kann.

Durch das Anknüpfen an den Anteil eines Unternehmens an den einen Wirtschaftszweig prägenden Waren und Dienstleistungen wird eine

---

95 Begründung zum Gesetzesentwurf der Bundesregierung v. 31.5.2012, BT-Drs. 17/9852, S. 20.
96 Begründung zum Gesetzesentwurf der Bundesregierung v. 19.10.2020, BT-Drs. 19/23492, S. 95.

Parallele zum „*share of supply*"-Test gezogen.[97] Dieser Test wird im Vereinigten Königreich zur Bestimmung der Anmeldepflichtigkeit eines Zusammenschlusses herangezogen.[98] Im Vereinigten Königreich sind Zusammenschlüsse u.a. dann anmeldepflichtig, wenn der Liefer-/Nachfrageanteil der Zusammenschlussbeteiligten bei einem bestimmten Produkt oder einer bestimmten Dienstleistung durch den Zusammenschluss 25 % im Vereinigten Königreich (oder in einem wesentlichen Teil des Vereinigten Königreichs) übersteigt, wobei infolge des Zusammenschlusses ein Anwachsen der Liefer-/Nachfrageanteile erforderlich ist.[99] Bei der Bestimmung der betroffenen Produkt-/Dienstleistungskategorie verfügt die britische Wettbewerbsbehörde CMA über einen weiten Entscheidungsspielraum und ist nicht an die Abgrenzung relevanter Märkte (wie diese im Rahmen der materiellen Beurteilung eines Zusammenschlusses erfolgt) gebunden. Vielmehr genügt jede sinnvolle Beschreibung von Produkten oder Dienstleistungen („*The CMA will have regard <u>to any reasonable description</u> of a set of goods or services to determine whether the share of supply test is met*"[100] [Hervorhebung durch Verf.]). Da im Rahmen des „*share of supply*"-Tests keine Bewertung von Märkten im ökonomischen Sinne vorgenommen wird, muss die identifizierte Produkt-/Dienstleistungskategorie keinem Markt im kartellrechtlichen Sinne entsprechen.[101]

Dies gilt auch im Rahmen des § 39a GWB. Nach der Gesetzesbegründung beziehen sich die in Abs. 1 Nr. 3 genannten 15 % explizit nicht auf einen Marktanteil im traditionell kartellrechtlichen-ökonomischen Sinne, sondern auf den Anteil an jeglichen für den Wirtschaftszweig prägenden Waren und Dienstleistungen.[102] Die zur Bestimmung der Marktanteile entwickelten ökonomischen Kriterien können daher nicht zur Bestimmung des Liefer-/Nachfrageanteils herangezogen werden, zumal die Abgrenzung eines Wirtschaftszweigs – anders als die eines Marktes – keinen

---

97 Becker geht gar so weit und vertritt die Meinung, § 39a GWB sowie die in der Regierungsbegründung genannten Kriterien zur Bestimmung des Anteils seien dem in Großbritannien geltenden Share of supply Test nachgebildet (*Becker*, in Bien et al., Die 10. GWB-Novelle, Kap. 5D, Rn. 52).

98 S. hierzu *Bechtold/Bosch*, GWB, § 39a, Rn. 6; Nothelfer, NZKart 2017, 577; *Krohs/Reimann*, WuW 2003, 1275.

99 Sec. 23 (2A) ff. Enterprise Act 2002.

100 CMA, Mergers: Guidance on the CMA's jurisdiction and procedure, Dezember 2020, Rn. 4.63 lit. b).

101 CMA, Mergers: Guidance on the CMA's jurisdiction and procedure, Dezember 2020, Rn. 4.63 lit. a).

102 Begründung zum Gesetzesentwurf der Bundesregierung v. 19.10.2020, BT-Drs. 19/23492, S. 95.

festgelegten, am Bedarfsmarktkonzept orientierten, ökonomischen Kriterien folgt (s.o., vgl. dazu oben unter B.V.2.b)). Welche Kriterien zur Bestimmung des Liefer-/Nachfrageanteils stattdessen herangezogen werden können, ergibt sich aus der Gesetzesbegründung nicht.

In Ermangelung entsprechender Behörden- und Gerichtspraxis in Deutschland zur Bestimmung des Liefer-/Nachfrageanteils können die von der britischen Wettbewerbsbehörde CMA entwickelten Grundsätze zumindest eine Orientierungshilfe bieten. Die CMA kann bei der Bestimmung des Liefer-/Nachfrageanteils verschiedene Kriterien heranziehen, z.B. den Wert eines Produkts/einer Dienstleistung, die anfallenden Kosten, Preise, Mengen, Kapazitäten und die Zahl der Beschäftigten. Denkbar ist auch, dass eine Kombination der verschiedenen Kriterien zur Bewertung herangezogen wird.[103] Wie bereits dargelegt, muss die identifizierte Produkt-/Dienstleistungskategorie keinem Markt im kartellrechtlichen Sinne entsprechen. Bei der Bewertung werden daher auch Kennzahlen betrachtet, die im Rahmen der materiellen Bewertung üblicherweise außer Betracht bleiben, z.B. konzerninterne Verkäufe.[104]

Ob im Rahmen des § 39a Abs. 1 Nr. 2 GWB *captive use*-Mengen mit in die Betrachtung einbezogen werden müssen, ergibt sich nicht aus dem Gesetzeswortlaut. Der Gesetzesbegründung ist indes zu entnehmen, dass sich *„[d]ie genannten 15 % [...] nicht auf einen „Marktanteil" im ökonomischen Sinn, sondern auf den Anteil an jeglichen für den Wirtschaftszweig prägenden Waren und Dienstleistungen"* [Hervorhebung durch Verf.] beziehen.[105] *„Jegliche"* einen Wirtschaftszweig prägenden Waren und Dienstleistungen müssen auch solche sein, die z.B. konzernintern verkauft oder durch kommunale Unternehmen erbracht werden (*captive use*-Mengen). Wäre die Einbeziehung *„jeglicher"* Waren und Dienstleistungen nicht gewollt gewesen, hätte der Gesetzgeber entweder entsprechende Ausnahmen z.B. für *captive use*-Mengen formuliert oder direkt darauf hingewiesen, dass die zur Berechnung von Marktanteilen entwickelten Grundsätze entsprechend Anwendung finden. Stattdessen weist der Gesetzgeber ausdrücklich darauf hin, dass gerade nicht auf einen Marktanteil im ökonomischen Sinn ab-

---

103 CMA, Mergers: Guidance on the CMA's jurisdiction and procedure, Dezember 2020, Rn. 4.70.
104 CMA, Mergers: Guidance on the CMA's jurisdiction and procedure, Dezember 2020, Rn. 4.63 lit. a).
105 Begründung zum Gesetzesentwurf der Bundesregierung v. 19.10.2020, BT-Drs. 19/23492, S. 95.

zustellen ist.[106] Dass insoweit kein Gleichlauf zur materiellen Bewertung eines Zusammenschlusses besteht, ist vom Gesetzgeber so gewollt und im Abstellen auf „Wirtschaftszweige" und den Liefer-/Nachfrageanteil (statt auf Märkte und den Marktanteil) angelegt. Bestätigt wird diese Auslegung durch die im Vereinigten Königreich gelebte Praxis, die zumindest im Rahmen einer rechtsvergleichenden Auslegung des § 39a GWB Beachtung finden kann.

Aus alledem folgt, dass *captive use*-Mengen bzw. die Tätigkeit kommunaler Unternehmen bei der Bestimmung des Liefer-/Nachfrageanteils Berücksichtigung finden müssen. Dass insoweit kein Gleichlauf zur materiellen Bewertung eines Zusammenschlusses (in deren Rahmen bei der Berechnung des Gesamtmarktvolumens bzw. der Marktanteile üblicherweise nur der Umsatz von Waren auf dem „freien Markt" berücksichtigt wird[107]) besteht, ist vom Gesetzgeber so gewollt.

Das Gesetz spricht vom 15 %-Anteil „in den genannten Wirtschaftszweigen"; das lässt weiter offen, ob für die Anteilsbestimmung auf jeden einzelnen Wirtschaftszweig abzustellen ist oder auf die zusammengefasste Gesamtheit der Wirtschaftszweige. Auch wenn nach Absatz 3 eine Sektorenuntersuchung nur für einen der betroffenen Wirtschaftszweige erforderlich ist, muss doch ein enger Zusammenhang zwischen den mehreren Wirtschaftszweigen und den dort analysierten Problemen bestehen, auf die sich die Verfügung nach § 39 a bezieht (vgl. dazu unten unter C.II.3.). Das spricht dafür, die Wirtschaftszweige für die Anteilsbestimmung zusammenzufassen.[108]

b) Zwischenfazit

Im System der deutschen (und der europäischen) Fusionskontrolle stellt das Abstellen auf den Liefer-/Nachfrageanteil eine Neuerung dar. Auch durch die Einführung der 15 %-Schwelle kehrt der Gesetzgeber jüngere legislative Entwicklungen insoweit um, als ein materielles Kriterium Teil der formellen Fusionskontrolle wird. Die bei der Bestimmung des Liefer-/Nachfrageanteils bestehenden Schwierigkeiten sind nunmehr wieder

---

106 Begründung zum Gesetzesentwurf der Bundesregierung v. 19.10.2020, BT-Drs. 19/23492, S. 95.
107 Statt vieler: *Mäger*, in MüKo-GWB, § 38 Rn. 63 m.w.N.
108 S. insoweit auch *Brinker/Haag*, BB 2021, 1991.

Teil der formellen Fusionskontrolle. Für die betroffenen Unternehmen bedeutet dies eine gewisse Rechtsunsicherheit.

Ein weiterer Anknüpfungspunkt in diesem Zusammenhang ist die Bestimmung des betreffenden Wirtschaftszweigs. Zwar kommt dem Bundeskartellamt *„bei der Bestimmung der für den Wirtschaftszweig relevanten Güter oder Dienstleistungen und bei der Bestimmung der Kriterien (z.B. Wert oder Menge der Waren und Dienstleistungen, Produktionskapazitäten, Anzahl der Beschäftigten) Ermessen zu."*[109] Dies kann jedoch nicht dazu führen, dass das Bundeskartellamt einen gerichtlich nicht zu überprüfenden Entscheidungsspielraum hat. Vielmehr muss das Bundeskartellamt sein Ermessen pflichtgemäß ausüben und darf sich insbesondere nicht von sachfremden Erwägungen leiten lassen. Eine durch den Wunsch, eine starke „Markt"-Position des betreffenden Unternehmens festzustellen getriebene Bestimmung der Wirtschaftszweige wäre willkürlich und vom Entscheidungsspielraum des Bundeskartellamts nicht gedeckt.

II. Weitere Anwendungsvoraussetzung: Sektoruntersuchung nach § 39a Abs. 3 GWB

Der Erlass einer Verfügung nach § 39a Abs. 1 GWB setzt weiter voraus, dass das Bundeskartellamt[110] *„auf einem der betroffenen Wirtschaftszweige"* zuvor eine Sektoruntersuchung durchgeführt hat, § 39a Abs. 3 GWB.

Durch das Erfordernis einer vorherigen Sektoruntersuchung wird der praktische Anwendungsbereich des § 39a GWB eingeschränkt:[111] Zum einen dadurch, dass das Bundeskartellamt Sektoruntersuchungen nicht nach Belieben einleiten darf, zum anderen durch das Erfordernis eines zeitlichen und sachlichen Zusammenhangs zwischen der Verfügung nach Abs. 1 und der Sektoruntersuchung nach Abs. 3.

---

109 Begründung zum Gesetzesentwurf der Bundesregierung v. 19.10.2020, BT-Drs. 19/23492, S. 95. Gesetzestechnisch handelt es sich hierbei wohl eher um einen Beurteilungsspielraum (s. auch *Steinvorth/Gasser*, WuW 2021, 157).
110 Die Durchführung einer Sektoruntersuchung nach Art. 17 VO 1/2003 durch die Europäische Kommission genügt ausweislich des insoweit eindeutigen Gesetzeswortlauts gerade nicht. Diese Untersuchungen sind kein tauglicher Anknüpfungspunkt für eine Verfügung nach § 39a GWB.
111 Zust. *Becker*, in Bien et al., Die 10. GWB-Novelle, Kap. 5.D., Rn. 56.

1. Durchführung einer Sektoruntersuchung

Lassen starre Preise oder andere Umstände vermuten, dass der Wettbewerb im Inland möglicherweise eingeschränkt oder verfälscht ist, hat das Bundeskartellamt nach § 32e GWB die Befugnis, bestimmte Wirtschaftszweige oder – sektorübergreifend – eine bestimmte Art von Vereinbarungen zu untersuchen (sog. Enquetebefugnis).

Das europäische Recht sieht eine entsprechende Befugnis der Europäischen Kommission vor, vgl. Art. 17 VO 1/2003. Im Rahmen einer Sektoruntersuchung werden die Strukturen und Wettbewerbsbedingungen auf dem betroffenen Wirtschaftszweig analysiert und es wird eine umfassende Marktstudie erstellt. Diese Marktstudien richten sich nicht gegen einzelne Unternehmen und gehen keinem konkreten Verdacht auf einen Verstoß gegen das Kartellrecht nach.

Obgleich Gegenstand einer Sektoruntersuchung sowohl bestimmte Wirtschaftszweige als auch bestimmte Arten von Vereinbarungen sein können, ist für die Zwecke des § 39a Abs. 3 GWB die Durchführung einer auf die Untersuchung eines bestimmten Wirtschaftszweigs gerichteten Sektoruntersuchung erforderlich. Der Wortlaut des § 39a Abs. 3 GWB bestimmt dies ausdrücklich: So muss die Sektoruntersuchung *„[...] auf einem der betroffenen Wirtschaftszweige [...]"* durchgeführt worden sein.

Bezüglich des Begriffs des Wirtschaftszweigs gelten gegenüber den Ausführungen in Abschnitt C.I.2. grundsätzlich keine Besonderheiten. Allein mit Blick auf die mögliche räumliche Ausdehnung eines Wirtschaftszweiges wird zu § 32e GWB explizit die Meinung vertreten, Gegenstand solcher Untersuchungen könnten nur Wirtschaftszweige sein, in denen allein solche Märkte gebündelt sind, die in geographischer Hinsicht allenfalls national bzw. nur wenig weiter als national abgegrenzt werden.[112] Begründet wird dies mit der Kompetenzverteilung zwischen Bundeskartellamt und Europäischer Kommission[113] sowie mit dem Verhältnismäßigkeitsgrundsatz[114] (im Rahmen des § 39a GWB müssen diese Erwägungen auch gelten, vgl. hierzu oben unter C.I.2.c)).

Eine Sektoruntersuchung ist nur zulässig, wenn die Vermutung besteht, dass der Wettbewerb im Inland möglicherweise eingeschränkt oder verfälscht ist, d.h. es bedarf insoweit eines Anfangsverdachts. Zwar suggeriert der Wortlaut des § 32e GWB durch die Kombination aus *„vermuten*

---

112 *Bechtold/Bosch*, GWB, § 32e Rn. 3.
113 *Bechtold/Bosch*, GWB, § 32e Rn. 3.
114 *Bach*, in Immenga/Mestmäcker, § 32e Rn. 17.

lassen" und *„möglicherweise"* eine denkbar niedrige Eingriffsschwelle.[115] Gleichwohl wird in der Literatur mehrheitlich gefordert, dass die Einleitung einer Sektoruntersuchung nur bei Vorliegen konkreter, objektiver Umstände, aus denen sich Hinweise auf mögliche Wettbewerbsbeschränkungen ergeben, erfolgen darf.[116] Trotz des Ermessens, das dem Bundeskartellamt bei der Einleitung einer Sektoruntersuchung zusteht, ist eine Sektoruntersuchung ins Blaue hinein ebenso wenig zulässig wie eine auf das allgemeine Interesse an einer umfassenden Branchenkenntnis gestützte Untersuchung.[117]

Bei der Sektoruntersuchung handelt es sich um ein Verwaltungsverfahren, welches regelmäßig[118] durch den Erlass einer förmlichen Einleitungsverfügung durch die zuständige Behörde (d.h. das Bundeskartellamt oder die Landeskartellbehörde; im Falle des § 39a GWB muss die Sektoruntersuchung durch das Bundeskartellamt durchgeführt worden sein) eingeleitet wird.

Im Rahmen einer Sektoruntersuchung hat das Bundeskartellamt weitreichende Ermittlungsbefugnisse. § 32e Abs. 4 GWB sieht die entsprechende Anwendung des § 49 Abs. 1 sowie der §§ 57 (Ermittlungen, Beweiserhebung), 59 (Auskunftsverlangen), 59a (Prüfung von geschäftlichen Unterlagen), 59b (Durchsuchungen) und 61 GWB (Verfahrensabschluss, Begründung der Verfügung, Zustellung) vor. Wie in allen anderen Verfahrensarten hat das Bundeskartellamt (bzw. die zuständige Landeskartellbehörde) die Möglichkeit, Ermittlungen insbesondere durch Inaugenscheinnahme sowie die Befragung von Zeugen und Sachverständige durchzuführen.

---

115 S. zur vergleichbaren Konstellation i.R.d. § 39a GBW Rn. [81].

116 In diesem Sinne: *Bach*, in Immenga/Mestmäcker, § 32e Rn. 9; *Bechtold/Bosch*, GWB, § 32e Rn. 5; *Keßler*, in MüKo-GWB, § 32e Rn. 5; *Otto*, in LMRKM, Kartellrecht, § 32e GWB, Rn. 5.

117 *Bach*, in Immenga/Mestmäcker, § 32e Rn. 12; *Bornkamm/Tolkmitt*, in Langen/Bunte, Kartellrecht, § 32e Rn. 4; *Jungermann*, in FK, § 32e GWB, Rn. 8.

118 Ob eine solche formelle Einleitungsverfügung notwendig ist, wird uneinheitlich bewertet. Das OLG Düsseldorf vertritt mit dem Bundeskartellamt die Ansicht, es bedürfe keines förmlichen Beschlusses, da das Gesetz eine solche Voraussetzung nicht kenne (OLG Düsseldorf, Beschl. v. 8.5.2007, VI Kart 5/07 (V), Rn. 9 ff; (juris); Beschl. v. 4.8.2010, VI.2 Kart 8/09 (V), Rn. 23 (juris)). Zustimmend: *Bornkamm/Tolkmitt*, in Langen/Bunte, Kartellrecht, § 32e Rn. 7; *Otto*, in LMRKM, Kartellrecht, § 32e GWB, Rn. 8. A.A. *Bechtold/Bosch*, GWB, § 32e Rn. 7; *Bach*, in Immenga/Mestmäcker, § 32e Rn. 27; *Jungermann*, in FK, § 32e GWB, Rn. 10.

Am bedeutendsten ist die Möglichkeit, auf Grundlage des § 59 Abs. 1 Nr. 1 GWB per Beschluss die Erteilung von Auskünften zu verlangen. Dies zeigt sich nicht zuletzt an der ausdrücklichen Erwähnung der Möglichkeit, Auskünfte zu verlangen, in § 32e Abs. 2 S. 2 GWB. Gegenstand solcher Auskunftsverlangen sind die wirtschaftlichen Verhältnisse eines Unternehmens oder einer Unternehmensvereinigung. Dieser Begriff ist weit zu fassen. Er umfasst aber weder Wertungen noch die einem Unternehmen bekannten Verhältnisse Dritter.

Nach Abschluss der Untersuchung steht es der Kartellbehörde (grundsätzlich) frei, die Ergebnisse ihrer Untersuchung zu veröffentlichen (vgl. § 32e Abs. 3 GWB: *„können [...] veröffentlichen"*). Eine Pflicht zur Veröffentlichung eines Abschlussberichts besteht nicht. Mit Blick auf die Neuregelung des § 39a GWB ist jedoch aus Gründen der Rechtssicherheit und der Rechtsstaatlichkeit eine Veröffentlichung zu fordern. So lässt sich argumentieren, dass das dem Bundeskartellamt zustehende Ermessen dahin reduziert ist, dass jedenfalls in Fällen, in denen das Bundeskartellamt den Erlass einer Verfügung nach § 39a GWB auf die betreffende Sektoruntersuchung stützen möchte, eine Veröffentlichung erfolgen muss. Auch unter dem Gesichtspunkt der Selbstbindung der Verwaltung ist in Fällen, in denen die Veröffentlichung angekündigt wurde, eine Veröffentlichung zu fordern.

Ebenso wie bei der Frage des „ob" der Veröffentlichung eines Abschlussberichts ist die Kartellbehörde frei in der Festlegung von Art und Umfang der Veröffentlichung. Der Ergebnisbericht ist keine Verfügung im Sinne des § 73 Abs. 1 GWB.

2. Erfordernis einer im zeitlichen Zusammenhang mit der Verfügung nach § 39a Abs. 1 GWB durchgeführten Sektoruntersuchung

Wie bereits dargelegt, erfordert der Erlass einer Verfügung nach § 39a Abs. 1 GWB die vorherige Durchführung und den Abschluss einer Sektoruntersuchung auf einem der betroffenen Wirtschaftszweige durch das Bundeskartellamt.

a) Vorheriger Abschluss der Sektoruntersuchung

Ausweislich des Gesetzeswortlauts (*„eine Untersuchung nach § 32e durchgeführt hat"* [Hervorhebung durch Verf.]) muss die Sektoruntersuchung abgeschlossen sein, damit eine Verfügung nach § 39a Abs. 1 GWB erlassen werden kann. Dies gilt jedenfalls mit Blick auf den Zeitpunkt des Erlasses der Verfügung nach § 39a Abs. 1 GWB.

Nach dem Gesetzeswortlaut kommt es allein auf den Abschluss einer Sektoruntersuchung an, nicht aber auf den Zeitpunkt des Abschlusses. Ob auch Sektoruntersuchungen, die vor Inkrafttreten der 10. GWB-Novelle abgeschlossen wurden, tauglicher Anknüpfungspunkt für eine Verfügung nach § 39a GWB sein können, ergibt sich aus dem Gesetz nicht. In der Gesetzesbegründung wird ausgeführt, dass *„nur zukünftige Sektoruntersuchungen in Betracht [kommen], die nach Inkrafttreten der Norm abgeschlossen werden"*.[119] Vor dem Hintergrund verfassungsrechtlicher Erwägungen ist dieser Einschränkung richtigerweise zu folgen.

Aus dem Gesetzeswortlaut geht ebenfalls nicht hervor, inwiefern Sektoruntersuchungen, die vor Inkrafttreten der 10. GWB-Novelle eingeleitet wurden, aber nach deren Inkrafttreten abgeschlossen werden, ein tauglicher Anknüpfungspunkt sein können. Da im Rahmen der Gesetzesbegründung nur auf den Abschluss einer Sektoruntersuchung abgestellt wird, liegt der Schluss nahe, dass es allein auf den Zeitpunkt des Abschlusses ankommt. In diesem Sinne ist auch der Hinweis, dass das Bundeskartellamt in „künftigen" Sektoruntersuchungen bereits bei der Einleitung des Verfahrens darauf hinweisen wird, dass im Nachgang zu der betreffenden Untersuchung eine Verfügung nach § 39a GWB ergehen kann,[120] zu verstehen. Danach ist es grundsätzlich[121] nicht zu beanstanden, wenn eine Sektoruntersuchung vor Inkrafttreten der 10. GWB-Novelle eingeleitet, aber erst nach deren Inkrafttreten abgeschlossen wurde.[122] Allerdings ist in einem solchen Fall zu verlangen, dass eine Sektoruntersuchung, die vor Inkrafttreten der 10. GWB-Novelle eingeleitet wurde, nur dann Grundlage einer Verfügung nach § 39a GWB sein kann, wenn vor dem Abschluss der Sektoruntersuchung und in jedem Fall so rechtzeitig, dass noch Argumente geltend gemacht werden können, in der gleichen Weise wie bei Einleitung einer neuen Sektoruntersuchung darauf hingewiesen wird, dass

---

119 Begründung zum Gesetzesentwurf der Bundesregierung v. 19.10.2020, BT-Drs. 19/23492, S. 95 f.

120 Begründung zum Gesetzesentwurf der Bundesregierung v. 19.10.2020, BT-Drs. 19/23492, S. 96.

121 Zur Frage, inwiefern auch solche Sektoruntersuchungen, die vor langer Zeit eingeleitet wurden, taugliche Anknüpfungspunkte für den Erlass einer Anmeldeverfügung sein können, vgl. der unmittelbar folgende Abschnitt 2.b).

122 So auch *Bechtold/Bosch*, GWB, § 39a, Rn. 10; *Becker*, in Bien et al., Die 10. GWB-Novelle, Kap. 5.D., Rn. 61.

als Konsequenz der Sektoruntersuchung eine Verfügung nach § 39a GWB ergehen kann.

Auch zu der Frage, inwiefern das Bundeskartellamt den Erlass einer Verfügung nach § 39a Abs. 1 GWB bereits vorbereiten kann, solange eine Sektoruntersuchung noch andauert (anders formuliert: ob die Sektoruntersuchung bereits abgeschlossen sein muss, wenn das Bundeskartellamt den Entschluss trifft, ein Verfahren zum Erlass einer Verfügung nach § 39a GWB zu eröffnen), schweigt das Gesetz. Insoweit kann argumentiert werden, dass erst mit Abschluss der Sektoruntersuchung abschließend beurteilt werden kann, ob objektiv nachvollziehbare Anhaltspunkte dafür, dass künftige Zusammenschlüsse wirksamen Wettbewerbs auf dem betroffenen Wirtschaftszweig erheblich behindern können, bestehen. Allerdings wird praktisch kaum nachweisbar sein, dass beide Verfahren zeitweise parallel gelaufen sind. Hierbei handelt es sich um Interna des Bundeskartellamts.

b) Zeitlicher Zusammenhang

Insbesondere bei weit vor Inkrafttreten der 10. GWB-Novelle eingeleiteten, aber noch nicht abgeschlossenen Sektoruntersuchung bzw. bei Sektoruntersuchungen, die sich über mehrere Jahre hinziehen, wird die Frage relevant, ob ein „zeitlicher Zusammenhang" zwischen der Sektoruntersuchung und der Verfügung nach § 39a GWB besteht.

Obgleich dies dem Gesetzeswortlaut nicht explizit zu entnehmen ist, muss die Sektoruntersuchung ausweislich der Gesetzesbegründung in einem zeitlichen Zusammenhang mit dem Erlass der Verfügung nach § 39a Abs. 1 GWB abgeschlossen worden sein. Was unter einem zeitlichen Zusammenhang im Detail zu verstehen ist, bleibt indes offen. Die Gesetzesbegründung verweist allein darauf, dass mehrere Jahre zurückliegende Sektoruntersuchungen kein tauglicher Anknüpfungspunkt sind, *„da sich die Marktverhältnisse in der Zwischenzeit geändert haben können."*[123]

Anhaltspunkte für die Dauer eines tauglichen zeitlichen Zusammenhangs bietet zunächst der im Rahmen der materiellen Fusionskontrolle geltende Prognosezeitraum. Im Rahmen der materiellen Fusionskontrolle können künftige Ereignisse – selbst wenn deren Eintritt feststeht – nur Berücksichtigung finden, wenn deren Auswirkungen auf den Wettbewerb bereits zum Zeitpunkt des Fusionskontrollverfahrens mit hinreichender

---

123 Begründung zum Gesetzesentwurf der Bundesregierung v. 19.10.2020, BT-Drs. 19/23492, S. 95.

Sicherheit vorhersehbar sind. Nach dem BGH sind nur marktrelevante Auswirkungen „in absehbarer Zeit"[124] bzw. innerhalb eines „mittelfristigen Prognosezeitraums"[125] relevant. Darauf aufbauend geht die Rechtsprechung sowie das Bundeskartellamt von einem Prognosezeitraum von in der Regel drei bis (in Ausnahmefällen) maximal fünf Jahren aus.[126] Da mit dem Kriterium der objektiv nachvollziehbaren Anhaltspunkte für eine durch künftige Zusammenschlüsse bewirkte erhebliche Behinderung wirksamen Wettbewerbs ein materiell-rechtlich geprägtes Kriterium Teil der formellen Fusionskontrolle wurde, ist es nur konsequent, die im Rahmen der materiellen Fusionskontrolle geltenden Grundsätze auch im Rahmen des § 39a Abs. 3 GWB zu berücksichtigen.

Dies gilt umso mehr, als die Gesetzesbegründung zur Begründung des Erfordernisses eines zeitlichen Zusammenhangs auf sich ändernde Marktverhältnisse abstellt. Vor diesem Hintergrund wäre es widersprüchlich, im Rahmen des § 39a Abs. 3 GWB einen anderen Maßstab anzulegen als im Rahmen der materiellen Bewertung eines Zusammenschlussvorhabens nach § 36 Abs. 1 GWB.

Dafür, dass ein zeitlicher Zusammenhang nicht mehr besteht, wenn der Abschluss einer Sektoruntersuchung mehr als drei Jahre zurückliegt, spricht noch mehr als der fusionskontrollrechtlich anerkannte Prognosezeitraum die Geltungsdauer einer Verfügung nach § 39a GWB: Eine solche Verfügung gilt gemäß § 39a Abs. 4 S. 1 GWB für drei Jahre ab Zustellung der Entscheidung. Bedenkt man, dass sich die Wettbewerbsverhältnisse über einen Zeitraum von drei Jahren hinweg grundlegend verändern können, ist die zeitliche Begrenzung der Anmeldepflicht nur konsequent und aus verfassungsrechtlichen Erwägungen dringend geboten. Die hinter § 39 Abs. 4 S. 1 GWB stehenden gesetzgeberischen und normativen Erwägungen würden konterkariert, ließe man Sektoruntersuchungen, die auf nicht mehr aktuellen Daten beruhen, als Anknüpfungspunkt für eine Verfügung nach § 39a Abs. 1 GWB zu. Vor diesem Hintergrund erscheint es angezeigt zu sein, statt des nicht genau bestimmten Zeitrahmens des fusionskontrollrechtlichen Prognosezeitraums auf die genau definierte Drei-Jahres-Frist in § 39a Abs. 4 GWB abzustellen. Andernfalls wäre zu befürchten, dass die Aktualität der ermittelten Datengrundlage nicht mehr gewährleistet ist.

---

124 BGH, Entsch. v. 15.7.1997, KVR 33/96, Rn. 37 f.; Beschl. v. 21.2.1978, KVR 4/77, Rn. 51 (juris).
125 BGH, Entsch. v. 19.6.2012, KVR 15/11, Rn. 38. S. auch BGH, Entsch. v. 21.12.2004, KVR 26/03, Rn. 30 (juris).
126 Vgl. hierzu *Thomas*, in Immenga/Mestmäcker, GWB, § 36 Rn, 521 m.w.N.

Dies ist vor allem deshalb von Bedeutung, da das Bundeskartellamt die im Rahmen einer Sektoruntersuchung gewonnenen Erkenntnisse als Datengrundlage für den anzumeldenden Zusammenschluss verwenden kann.[127] Hieraus ergibt sich – ebenfalls im Zusammenspiel mit dem fusionskontrollrechtlichen Prognosezeitraum –, dass nur Sektoruntersuchungen, die weniger als drei Jahre vor Erlass der Verfügung abgeschlossen wurden, tauglicher Anknüpfungspunkt für eine Verfügung nach § 39a Abs. 1 GWB sein können. Berücksichtigt man darüber hinaus noch den Zeitpunkt des Beginns der Ermittlungen im Rahmen einer Sektoruntersuchung, ergibt sich daraus das Petitum, dass zwischen der Einleitung der Sektoruntersuchung und dem Zeitpunkt des Erlasses der Verfügung nach § 39a GWB allenfalls ein Zeitraum von fünf Jahren liegen darf. Andernfalls wäre die Grenze des fusionskontrollrechtlichen Prognosezeitraums überschritten, was aus systematischen Gründen abzulehnen ist.

Weiter ist mit Blick auf Sektoruntersuchungen, deren Einleitung im Zeitpunkt des Abschlusses mehrere Jahre zurückliegt, fraglich, inwiefern ein hinreichender zeitlicher Zusammenhang zum Erlass der Anmeldeverfügung besteht. Zur Illustration des Problems kann beispielhaft die Sektoruntersuchung Haushaltsabfälle herangezogen werden. Diese Sektoruntersuchung wurde im Dezember 2016 eingeleitet. Gegenstand der Untersuchung sind die Wettbewerbsverhältnisse auf den regionalen Märkten für die Sammlung und den Transport von Haushaltsabfällen. Als Begründung zur Einleitung der Sektoruntersuchung wurde die wachsende Konzentration auf den Entsorgungsmärkten sowie die in vielen Regionen rückläufige Beteiligung an Ausschreibungen für Entsorgungsaufträge angeführt.[128] Bei der Einleitung der Sektoruntersuchung wurde angekündigt, deren Ergebnisse in einem Abschlussbericht zu veröffentlichen. Dies ist bis heute (Stand: 31. Oktober 2021) nicht geschehen, obgleich die Veröffentlichung der Untersuchungsergebnisse zwischenzeitlich für Ende 2018 vorgesehen war.[129]

Im Rahmen der Sektoruntersuchung Haushaltsabfälle analysiert das Bundeskartellamt Ausschreibungsdaten und befragt Marktteilnehmer wie

---

127 Begründung zum Gesetzesentwurf der Bundesregierung v. 19.10.2020, BT-Drs. 19/23492, S. 96.

128 BKartA, Pressemitteilung v. 20.12.2016, abrufbar unter: https://www.bundeskar tellamt.de/SharedDocs/Publikation/DE/Pressemitteilungen/2016/20_12_2016 _Sektoruntersuchung%20Haushaltsabfaelle.pdf?__blob=publicationFile&v=2 (zuletzt abgerufen am 4.2.2021).

129 Vgl. die Aussagen von *Andreas Mundt*, Präsident des BKartA, im Interview mit dem Entsorgungsmagazin v. 23.10.2017.

Kreise/Kommunen zu den bei der Vergabe von Sammelleistungen herr-schenden Wettbewerbsbedingungen. Gerade dieser Bereich ist durch äu-ßerst dynamische Wettbewerbsbedingungen geprägt, nicht zuletzt weil im Bereich der Erfassung von Verkaufsverpackungen die regelmäßige Neu-ausschreibung von Erfassungsgebieten vorgeschrieben ist. Insbesondere Daten, die zu Beginn der Sektoruntersuchung Haushaltsabfälle Ende 2016 erhoben wurden, sind damit zwischenzeitlich überholt. Dasselbe gilt je-denfalls für Daten aus den Jahren 2017 und 2018. Die vom Gesetzgeber als Grund für die mangelnde Tauglichkeit einer zurückliegenden Sektorunter-suchung genannten Veränderungen der Marktverhältnisse sind vorliegend noch vor Abschluss der Sektoruntersuchung eingetreten.

Vor diesem Hintergrund sind wir der Auffassung, dass die Sektorun-tersuchung Haushaltsabfälle kein tauglicher Anknüpfungspunkt für eine darauf gestützte Anmeldeverfügung ist. Mit den o.g. Erwägungen gilt dies nach unserer Auffassung auch für weitere Sektoruntersuchungen, deren Einleitung bei Abschluss mehr als drei Jahre zurückliegt: In diesen Fällen sind jedenfalls Teile der Daten nicht mehr aktuell genug, um als Grund-lage für die Prüfung anzumeldender Zusammenschlüsse herangezogen werden zu können. Da derartige Sektoruntersuchungen zwischenzeitlich veränderte Wettbewerbsbedingungen nicht vollumfänglich widerspiegeln, können jedenfalls solche Sektoruntersuchungen, deren Einleitung weit mehr als drei Jahre zurückliegt, kein tauglicher Anknüpfungspunkt einer Verfügung nach § 39a Abs. 1 GWB sein. Wo genau in diesen Fällen die zeitliche Grenze zu ziehen ist, lässt sich nicht pauschal bestimmen, son-dern wird von den Umständen des Einzelfalls (insbesondere von den un-tersuchten Märkten und der jeweiligen Marktdynamik) abhängen.

3. Erfordernis einer Sektoruntersuchung auf einem der betroffenen Wirtschaftszweige

Der Erlass einer Verfügung nach § 39a Abs. 1 GWB setzt nach dem aus-drücklichen Gesetzeswortlaut nicht voraus, dass auf jedem der von der Anmeldepflicht betroffenen Wirtschaftszweige eine Sektoruntersuchung durchgeführt wurde. Nach § 39a Abs. 3 GWB genügt es vielmehr, wenn auf *einem* der betroffenen Wirtschaftszweige eine Sektoruntersuchung stattgefunden hat.

Stellt man allein auf den direkten Wortlaut des § 39a Abs. 3 GWB ab, liegt der Schluss nahe, dass es genügt, wenn auf *einem* der betroffe-nen Wirtschaftszweige eine Sektoruntersuchung durchgeführt wurde. Dies würde bedeuten, dass z.b. auf Basis einer Sektoruntersuchung Zement und Transportbeton eine Anmeldepflicht auch für einen hypothetischen Wirtschaftszweig „Straßenbau" oder gar „Fahrzeugbau" verfügt werden könnte. Eine solch weite Auslegung wäre dem Zweck des § 39a Abs. 3 GWB jedoch nicht angemessen und entspricht überdies nicht dem telos des Gesetzes. So betont die Gesetzesbegründung ausdrücklich den (zeitlichen) Zusammenhang zwischen einer Sektoruntersuchung und der Aufforderung nach § 39 Abs. 1 GWB: „Mehrere Jahre zurückliegende Sektoruntersuchung sind kein tauglicher Anknüpfungspunkt, da sich die Marktverhältnisse in der Zwischenzeit geändert haben können."[130]

Wenn schon eine Sektoruntersuchung im selben Wirtschaftszweig, für den die Anmeldepflicht verfügt wird, aufgrund mangelnden zeitlichen Zusammenhangs mit der Verfügung nach § 39a Abs. 1 GWB als Anknüpfungspunkt für eine solche Verfügung ausscheidet, muss dies erst recht mit Blick auf völlig andere Wirtschaftszweige gelten. Denn insoweit besteht nicht nur kein zeitlicher Zusammenhang, sondern überhaupt kein Zusammenhang zwischen einer durchgeführten Sektoruntersuchung und einer Anmeldepflicht nach § 39a GWB. In Sinne einer solchen einschränkenden Auslegung ist auch der Hinweis des Gesetzgebers zu verstehen, dass die durch eine Sektoruntersuchung gewonnenen Erkenntnisse als Datengrundlage für den anzumeldenden Zusammenschluss verwendet werden können.[131] Diese Aussage verdeutlicht, dass zwischen einer Sektoruntersuchung und einer Anmeldeverfügung ein (zeitlicher und sachlicher) Zusammenhang bestehen muss.[132]

Gegen einen solchen zwingenden sachlichen Zusammenhang ließe sich einwenden, dass die Verfügung eine Anmeldepflicht nach § 39a Abs. 1 Nr. 2 GWB objektiv nachvollziehbare Ansatzpunkte für mögliche Wettbewerbsbehinderungen voraussetzt und dem Verhältnismäßigkeitsgrundsatz aus diesem Grunde Genüge getan ist. Allerdings verkennt dieses Argument, dass der Gesetzgeber die Regelung des § 39a Abs. 3 GWB bewusst geschaffen und damit eine bewusste Verknüpfung zwischen Anmeldever-

---

130 Begründung zum Gesetzesentwurf der Bundesregierung v. 19.10.2020, BT-Drs. 19/23492, S. 95.

131 Begründung zum Gesetzesentwurf der Bundesregierung v. 19.10.2020, BT-Drs. 19/23492, S. 96.

132 Im Erg. zustimmend *Becker*, in Bien et al., Die 10. GWB-Novelle, Kap. 5.D., Rn. 66: *„Aus teleologischen Gründen ist daher ein näher zu definierender inhaltlicher Zusammenhang zwischen den in der Anmeldeverfügung bezeichneten und den von der Sektoruntersuchung betroffenen Wirtschaftszweigen zu fordern."*

fügung und Sektoruntersuchung hergestellt hat.[133] Der darin zum Ausdruck kommende gesetzgeberische Wille, den Erlass einer Verfügung nach § 39a GWB an enge Voraussetzungen zu binden,[134] ist zu respektieren. Dies gilt umso mehr, als sich die im Rahmen des Abs. 1 Nr. 2 maßgeblichen objektiv nachvollziehbaren Anhaltspunkte aus einer Sektoruntersuchung ergeben müssen (vgl. oben unter C.I.3.a)).

Aus diesen Erwägungen lässt sich ableiten, dass § 39a Abs. 3 GWB dahin auszulegen ist, dass nur solche Sektoruntersuchungen als Anknüpfungspunkt in Betracht kommen, die in engem zeitlichen und sachlichen Zusammenhang mit den in der Verfügung nach § 39a Abs. 1 GWB genannten Wirtschaftszweigen stehen. Dies erscheint auch vor dem Hintergrund des Verhältnismäßigkeitsgrundsatzes zwingend.

4. Ergebnis der Sektoruntersuchung

§ 39a Abs. 3 GWB trifft keine Aussage darüber, inwiefern nur solche Sektoruntersuchungen, die Wettbewerbsbeschränkungen auf den untersuchten Wirtschaftszweigen zutage gefördert haben, Grundlage einer Anmeldeverfügung nach § 39a GWB sein können. Nach dem Wortlaut des Abs. 3 genügt allein die Durchführung einer Sektoruntersuchung.

Mit der Einführung des § 39a Abs. 1 GWB hat der Gesetzgeber ein Aufgreifinstrument eingeführt, *„das dem Bundeskartellamt ein Tätigwerden ermöglicht, bevor in bestimmten Märkten eine marktbeherrschende Stellung großer Unternehmen entsteht."*[135] Im Laufe des Gesetzgebungsverfahrens wurden die Anforderungen an den Erlass einer solchen Verfügung signifikant erhöht. Unter anderem wurde das Erfordernis einer vorherigen Sektoruntersuchung ergänzt. Der Gesetzgeber hat diese Ergänzung bewusst zur Eingrenzung des Anwendungsbereichs der Regelung vorgenommen. Dies ergibt sich nicht zuletzt aus dem in der Begründung zum Regierungsentwurf erstmals aufgenommenen Hinweis auf die engen Voraussetzungen, unter denen eine Aufforderung zur Anmeldung künftiger Zusammenschlüsse unterhalb der üblichen Umsatzschwellen ergehen kann.

---

133 Vgl. auch *Becker*, in Bien et al., Die 10. GWB-Novelle, Kap. 5.D., Rn. 66.
134 *„Die Aufforderung zur Anmeldung künftiger Zusammenschlüsse unterhalb der üblichen Umsatzschwellen ist an enge Voraussetzungen gebunden."* (Begründung zum Gesetzesentwurf der Bundesregierung v. 19.10.2020, BT-Drs. 19/23492, S. 95).
135 Begründung zum Gesetzesentwurf der Bundesregierung v. 19.10.2020, BT-Drs. 19/23492, S. 95.

Wie gezeigt ist § 39a Abs. 3 GWB dahin auszulegen, dass nur solche Sektoruntersuchungen als tauglicher Anknüpfungspunkt für eine Anmeldeverfügung in Betracht kommen, die in einem zeitlichen und sachlichen Zusammenhang mit den in der Verfügung bestimmten Wirtschaftszweigen stehen. Fraglich ist, ob darüber hinaus nur solche Sektoruntersuchungen, die wettbewerbliche Bedenken offenbart haben, tauglicher Anknüpfungspunkt für eine Verfügung nach Abs. 1 sein können.

Hierfür spricht, dass § 39a GWB geschaffen wurde, um der Entstehung einer marktbeherrschenden Stellung quasi unter dem Radar des Bundeskartellamts entgegenzuwirken. Ergäbe eine Sektoruntersuchung keinerlei Anhaltspunkte dafür, dass die Entstehung einer marktbeherrschenden Stellung oder andere wettbewerblich bedenkliche Entwicklungen drohen, wäre das Erfordernis einer vorherigen Sektoruntersuchung sowie die bewusst geschaffene Verknüpfung zwischen Anmeldeverfügung und Sektoruntersuchung ad absurdum geführt. Die Durchführung einer Sektoruntersuchung erwiese sich dann als bloße Förmelei. Im Übrigen bestünde ein Widerspruch zu § 39a Abs. 1 Nr. 2 GWB, wonach objektiv nachvollziehbare Anhaltspunkte dafür bestehen müssen, dass durch künftige Zusammenschlüsse der wirksame Wettbewerb im Inland in den genannten Wirtschaftszweigen erheblich behindert werden kann: Würde eine Sektoruntersuchung keine solchen Anhaltspunkte ergeben, wäre unklar, wie die Voraussetzungen des § 39a Abs. 1 Nr. 2 GWB erfüllt sein könnten.

Vor diesem Hintergrund ist richtigerweise davon auszugehen, dass nur solche Sektoruntersuchungen tauglicher Anknüpfungspunkt einer Verfügung nach § 39a GWB sein können, die in zeitlichem und sachlichem Zusammenhang mit der Anmeldeverfügung abgeschlossen wurden und die wettbewerbliche Bedenken auf dem untersuchten Wirtschaftszweig bzw. den untersuchten Wirtschaftszweigen offenbart haben.

5. Rechtsschutz gegen Sektoruntersuchungen

Eine Verfügung nach § 39a Abs. 1 GWB setzt, wie gezeigt, den Abschluss einer Sektoruntersuchung voraus. Dies wirf die Frage nach Rechtsschutzmöglichkeiten gegen eine Sektoruntersuchung auf.

a) Rechtsschutz gegen Einleitung einer Sektoruntersuchung

Wie bereits dargelegt wird eine Sektoruntersuchung regelmäßig durch einen förmlichen Einleitungsbeschluss eingeleitet. Mangels individualisierbarer Verfahrensbeteiligter[136] bzw. „mangels einer unmittelbaren Betroffenheit des einzelnen Unternehmens"[137] ist ein solcher nicht mit der Beschwerde anfechtbar.

Da die Einstellung des Verfahrens regelmäßig nicht durch Verwaltungsakt erfolgt, geht auch eine auf Erlass einer Einstellungsverfügung gerichtete Verpflichtungsbeschwerde ins Leere.[138] Eine allgemeine Leistungsbeschwerde, mit der etwa die Einstellung einer Sektoruntersuchung begehrt werden könnte, ist mangels Beschwerdebefugnis ebenfalls nicht erfolgsversprechend. In der bloßen Einleitung einer Sektoruntersuchung liegt kein rechtswidriger Eingriff in die Rechte eines Unternehmens. Im Übrigen würde sich eine Rechtsstellung eines Unternehmens durch die Einstellung der Sektoruntersuchung selbst nichts ändern.[139]

Ebenfalls nur theoretischer Natur ist die Möglichkeit einer vorbeugenden Unterlassungsbeschwerde, mit der der Beschwerdeführer bereits zum Zeitpunkt der Einleitung der Sektoruntersuchung zu verhindern versucht, dass das Bundeskartellamt im Rahmen seiner Ermittlungsbefugnisse eine an ihn gerichtete Verfügung, z.B. einen Auskunftsbeschluss, erlässt. Da gegen solche Verfügungen Beschwerde eingelegt werden kann, ist nicht ersichtlich, dass der Beschwerdeführer durch den Verweis auf nachträglichen Rechtsschutz irreparable oder schwer ausgleichbare Nachteile zu besorgen hätte.[140]

Die Rechtmäßigkeit der Einleitung einer Sektoruntersuchung kann daher nur inzidenter überprüft werden, z.B. im Rahmen einer Beschwerde gegen einzelne Ermittlungshandlungen.

---

136 Statt vieler: *Bechtold/Bosch*, GWB, § 32e Rn. 7 m.w.N.
137 S. unter pauschalem Verweis auf die Kommentarliteratur: OLG Düsseldorf, Beschl. v. 8.5.2007, VI Kart 5/07 (V), Rn. 8 (juris).
138 So ausdrücklich: *Gildhoff*, WuW 2013, 719. Vgl. auch *Meyer-Lindemann*, in FK, § 63 GWB, Rn. 13.
139 S. hierzu: *Gildhoff*, WuW 2013, 719.
140 *Gildhoff*, WuW 2013, 719.

b) Rechtsschutz gegen Ermittlungsmaßnahmen

Da eine Sektoruntersuchung, die als Anknüpfungspunkt für den Erlass einer Verfügung nach § 39a Abs. 1 GWB gegenüber einem bestimmten Unternehmen dient, zwangsläufig einen Wirtschaftszweig betrifft, in dem das betreffende Unternehmen selbst tätig ist, ist damit zu rechnen, dass sich das Bundeskartellamt im Rahmen seiner Ermittlungen auch an das jeweilige Unternehmen wenden wird. Gegen in diesem Zusammenhang durchgeführte Ermittlungsmaßnahmen, insbesondere gegen Auskunftsbeschlüsse, ist der Rechtsweg eröffnet.

Auskunftsbeschlüsse sind Verwaltungsakte.[141] Daher ist insoweit die Anfechtungsbeschwerde statthaft. Diese hat zwar keine aufschiebende Wirkung; der Beschwerdeführer ist also weiterhin verpflichtet, die geforderten Auskünfte fristgerecht zu erteilen. Im Rahmen der Prüfung der Rechtmäßigkeit eines Auskunftsbeschlusses können jedoch die Voraussetzungen des § 32e GWB inzident geprüft werden.[142]

Weiter besteht die Möglichkeit, nach § 65 Abs. 3 S. 3 GWB einen Antrag auf Anordnung der aufschiebenden Wirkung der Anfechtungsbeschwerde zu stellen. In diesem Zusammenhang prüft das Beschwerdegericht, ob ernstliche Zweifel an der Rechtmäßigkeit der angefochtenen Verfügung (d.h. des Auskunftsbeschlusses) bestehen oder ob die Vollziehung für den Betroffenen eine unbillige, nicht durch überwiegende öffentliche Interessen gebotene Härte zur Folge hätte. Die insoweit geltenden Anforderungen sind allerdings hoch, sodass es nur selten möglich sein wird, erfolgreich vorläufigen Rechtsschutz gegen Auskunftsbeschlüsse im Rahmen einer Sektoruntersuchung zu erhalten.[143]

c) Rechtsschutz gegen Abschlussbericht

Der Abschlussbericht zu einer Sektoruntersuchung ist keine Verfügung[144], daher ist die Beschwerde gegen einen Abschlussbericht nicht statthaft.

---

141 BGH, Beschl. v. 19.6.2007, KVR 17/06, Rn. 23 (juris) m.w.N.

142 Das Bundeskartellamt kann bis zum Abschluss der letzten Tatsacheninstanz die Voraussetzungen für die Einleitung einer Sektoruntersuchung nachvollziehbar darlegen und einen Begründungsmangel nach § 45 Abs. 1 Nr. 2 VwVfG heilen (*Gildhoff*, WuW 2013, 720; OLG Düsseldorf, Beschl. v. 8.5.2007, VI Kart 5/07 (V), Rn. 18 (juris)).

143 *Gildhoff*, WuW 2013, 720; *Bach*, in Immenga/Mestmäcker, GWB, § 32e Rn. 30.

144 *Otto*, in LMRKM, Kartellrecht, § 32e Rn. 12.

Für den Fall, dass ein Unternehmen im Abschlussbericht zu einer Sektoruntersuchung explizit genannt wird, könnte erwogen werden, eine allgemeine Leistungsbeschwerde, gerichtet auf das Unterlassen der weiteren Verbreitung bestimmter in einem Abschlussbericht enthaltene Aussagen bzw. deren Widerruf als schlicht-hoheitliches Handeln zu fordern. Eine solche Beschwerde dürfte nur in besonders gelagerten Ausnahmefällen erfolgreich sein.[145]

---

145 So auch *Gildhoff*, WuW 2013, 724.

D. Rechtsfolgen und Rechtsschutz

I. Rechtsfolge: Ermessensentscheidung des Bundeskartellamts

Liegen die Voraussetzungen des § 39a Abs. 1 Nr. 1 bis 3 und Abs. 3 GWB vor, „*kann*" das Bundeskartellamt eine Verfügung nach § 39a Abs. 1 GWB erlassen. Dem Bundeskartellamt kommt mithin (Entschließungs-)Ermessen bezüglich der Frage zu, ob eine solche Verfügung erlassen wird. Weiter obliegt die Benennung der betroffenen Wirtschaftszweige, auf denen die Anmeldepflicht gelten soll, dem Bundeskartellamt; auch insoweit besteht ein (Ausführungs-)Ermessen.

Ermessensentscheidungen sind gerichtlich nur eingeschränkt darauf überprüfbar, ob der zuständige Hoheitsträger – das Bundeskartellamt – das Ermessen ordnungsgemäß ausgeübt hat. Sollte sich herausstellen, dass das Ermessen fehlerhaft ausgeübt wurde, wäre die betreffende Verfügung nach § 39a Abs. 1 GWB rechtswidrig und würde im Falle einer Anfechtung vom zuständigen Gericht aufgehoben.

Nach der Ermessensfehlerlehre liegt ein Ermessensfehler insbesondere dann vor, wenn sich die zuständige Behörde bei der Entscheidung von sachfremden Erwägungen hat leiten lassen oder relevante Belange willkürlich falsch gewichtet hat (sog. Ermessensfehlgebrauch).[146] Welche Belange bei der Ermessensausübung berücksichtigt werden dürfen, richtet sich primär nach Sinn und Zweck der Ermessensnorm, hier also nach dem telos des § 39a GWB.

Verfügt das Bundeskartellamt eine Anmeldepflicht auf mehreren Wirtschaftszweigen und steht zumindest einer dieser Wirtschaftszweige in keinerlei Zusammenhang mit der als Anknüpfungspunkt dienenden Sektoruntersuchung, stünde dies nicht nur im Widerspruch zu § 39a Abs. 3 GWB (s. zum Erfordernis eines sachlichen Zusammenhangs unter C.II.3.), sondern wäre darüber hinaus ermessensfehlerhaft. Allerdings ist die gerichtliche Prüfung, ob ein Aspekt in die Ermessensentscheidung einbezogen werden durfte, der Sache nach streng.[147] Das Argument, die Verfügung nach § 39a GWB sei ermessensfehlerhaft erlassen worden, ist daher allenfalls in Kombination mit weiteren der o.g. Erwägungen erfolgversprechend.

---

146 Vgl. statt vieler: *Decker*, in BeckOK-VwGO, § 114 Rn. 24.
147 Vgl. statt vieler: *Decker*, in BeckOK-VwGO, § 114 Rn. 25 m.w.N.

II. Inhalt der Verfügung nach § 39a GWB

Erlässt das Bundeskartellamt eine Verfügung nach § 39a Abs. 1 GWB, ist diese zu begründen (vgl. § 61 Abs. 1 S. 1 GWB). Insbesondere sind in der Verfügung die relevanten Wirtschaftszweige, auf die sich die Anmeldepflicht bezieht, anzugeben (§ 39a Abs. 4 S. 2 GWB). Die Anmeldepflicht erstreckt sich in den in der Verfügung genannten Wirtschaftszweigen auf Zusammenschlüsse, bei denen (1.) das zu erwerbende Unternehmen im letzten Geschäftsjahr Umsatzerlöse von mehr als EUR 2 Mio. und (2.) mehr als zwei Drittel seiner Umsatzerlöse im Inland erzielt hat, vgl. § 39a Abs. 2 GWB.[148]

Ab Zustellung der Verfügung gilt die Anmeldepflicht nach § 39 Abs. 1 GWB für drei Jahre, d.h. die Verfügung muss nicht erst in Bestandskraft erwachsen, um wirksam zu werden.[149] Eine Beschwerde gegen die Verfügung hat keine aufschiebende Wirkung (arg. e cont., § 66 GWB). Nach Ablauf von drei Jahren erlischt die Verpflichtung. Das Gesetz sieht keine Möglichkeit vor, die Verfügung ohne erneute Prüfung der Tatbestandsvoraussetzungen des § 39a GWB zu verlängern. Die anderslautende Passage der Gesetzesbegründung (*„Bestehen weiter Anhaltspunkte für wettbewerblich problematische Auswirkungen künftiger Zusammenschlüsse, kann die Aufforderung gemäß Absatz 4 Satz 2 erneuert werden"*[150]), dürfte ein redaktionelles Versehen sein, bezieht sich S. 2 doch auf die Angabe der relevanten Wirtschaftszweige in der Verfügung.

Das Bundeskartellamt könnte gleichwohl erneut eine Verfügung nach § 39a GWB erlassen. Allerdings setzt dies voraus, dass die Voraussetzungen der Abs. 1 und 3 erfüllt sind. Da die nach § 39a Abs. 3 GWB vorausgesetzte Sektoruntersuchung in zeitlichem Zusammenhang mit dem Erlass der Verfügung nach § 39a Abs. 1 GWB abgeschlossen werden muss und ein zeitlicher Zusammenhang nach Ablauf von mehr als drei Jahren zu verneinen ist (vgl. oben unter C.II.2.b)), kann die als Anknüpfungspunkt für den Erlass der ersten Verfügung dienende Sektoruntersuchung nicht erneut herangezogen werden.

---

148 Kritisch hierzu *Becker*, in Bien et al., Die 10. GWB-Novelle, Kap. 5.D. Rn. 46 ff.

149 Im Referentenentwurf zur 10. GWB-Novelle war noch vorgesehen, dass die Verfügung erst ab Bestandskraft der Entscheidung gilt. Insbesondere das Bundeskartellamt wirkte jedoch darauf hin, stattdessen auf den Erlass der Entscheidung abzustellen (s. BKartA, Stellungnahme zum Referentenentwurf zur 10. GWB-Novelle v. 25.2.2020. Zust.: *Becker*, ZWeR 2020, 386 f.

150 Begründung zum Gesetzesentwurf der Bundesregierung v. 19.10.2020, BT-Drs. 19/23492, S. 96.

III. Auswirkung einer Verfügung nach § 39a GWB auf künftige Zusammenschlussvorhaben

1. Umfang der Anmeldepflicht

Nach dem Wortlaut des Gesetzes gilt die Anmeldepflicht für Zusammenschlüsse *„in einem oder mehreren bestimmten [nach § 39a Abs. 4 S. 2 GWB in der Verfügung genannten, Erg. durch Verf.] Wirtschaftszweigen"*. Diese Formulierung wirft die Frage auf, in welchem Umfang eine Verfügung nach § 39a Abs. 1 GWB eine Anmeldepflicht auslöst, wenn ein Zusammenschluss mehrere Wirtschaftszweige betrifft, von denen mindestens einer nicht in der Anmeldeverfügung genannt ist. Je nach Umfang der Anmeldepflicht, schließt sich weiter die Frage an, inwieweit das Bundeskartellamt eine Prüfungs-/Untersagungskompetenz mit Blick auf Märkte hat, die nicht dem bzw. den in der Anmeldeverfügung genannten Wirtschaftszweig(en) angehören.

Es wäre denkbar, dass ein Zusammenschluss nur insoweit der Anmeldepflicht unterliegt, als er einen der in der Anmeldeverfügung bezeichneten Wirtschaftszweige betrifft. Konkret würde dies bedeuten, dass der Anmelder mit Blick auf Märkte, die keinem der in der Anmeldeverfügung genannten Wirtschaftszweige angehören, auf die Angabe der nach § 39 Abs. 3 GWB vorgesehenen Informationen verzichten kann. Diese betrifft in erster Linie die Angabe der Marktanteile nach § 39 Abs. 3 Nr. 4, Abs. 5 GWB. Diese Lösung birgt das praktische Problem, dass es den betroffenen Unternehmen selbst obläge, die einem Wirtschaftszweig zugehörigen Märkte zu ermitteln. Gelingt dies nicht bzw. nicht vollständig, wäre eine Anmeldung unvollständig und es bestünde das Risiko, eine Ordnungswidrigkeit zu begehen (§ 81 Abs. 2 Nr. 2 lit. b) GWB). Im schlimmsten Fall könnte das Bundeskartellamt ein Bußgeld gegen das betreffende Unternehmen verhängen.

Vor diesem Hintergrund sprechen Praktikabilitätserwägungen dafür, § 39a GWB und die auf dieser Basis erlassenen Verfügungen dahin auszulegen, dass ein Zusammenschluss in seiner Gesamtheit angemeldet werden muss, sobald bereits einer der vom Zusammenschluss betroffenen Märkte zu einem in der Anmeldeverfügung genannten Wirtschaftszweig gehört.[151] Für diese Auslegung sprechen auch die gesetzgeberischen Erwägungen, die zur Reform der Bagatellmarktklausel im Zuge der 8. GWB-Novelle geführt haben: Danach wurde die Bagatellmarktklausel, die vormals Teil der

---

151 Zust. *Becker*, in Bien et al., Die 10. GWB-Novelle, Kap. 5.D., Rn. 74 f.

formellen Fusionskontrolle war, der materiellen Fusionskontrolle zugeordnet, da *„[d]ie Voraussetzungen der Anmeldepflicht [...] eindeutig und ohne größeren Ermittlungsaufwand anhand quantitativer Kriterien feststellbar sein [sollten].“*[152] Diese Entwicklung würde in ihr Gegenteil verkehrt, würde eine Anmeldepflicht nur für diejenigen Märkte gelten, die einem bestimmten Wirtschaftszweig angehören.

2. Umfang der Prüfungskompetenz des Bundeskartellamts

Nach Erlass einer Anmeldeverfügung nach § 39a Abs. 1 GWB sind daher, wie dargelegt, auch solche Zusammenschlüsse anzumelden, die nicht von der Anmeldeverfügung erfasste Märkte betreffen. Vor diesem Hintergrund stellt sich die Frage, inwiefern die materielle Prüfungs- (und damit die Untersagungs-)kompetenz des Bundeskartellamts dahin eingeschränkt ist, dass nur solche Märkte, die den in der Verfügung bezeichneten Wirtschaftszweige angehören, Gegenstand einer Prüfung nach § 36 Abs. 1 GWB sein können. Der Wortlaut des § 39a GWB schweigt hierzu.

In der Gesetzesbegründung wird ausgeführt, dass § 39a GWB *„allein die Frage [regelt], ob das Bundeskartellamt formell eine Fusion überhaupt prüfen darf. Die materiellen Grundsätze für die Beurteilung von Zusammenschlüssen bleiben unberührt.“*[153] Diese Formulierung lässt den Schluss zu, dass eine uneingeschränkte Prüfungskompetenz des Bundeskartellamts besteht. Auch das Bundeskartellamt selbst scheint dieser Auffassung zu sein. So führt es in seiner Stellungnahme zum Regierungsentwurf aus, dass § 39a GWB *„allein die Aufgreifkriterien, also die Frage, welche Fälle beim Bundeskartellamt anzumelden sind und einer Prüfung unterzogen werden“*[154], betrifft.

Gegen diese Schlussfolgerung spricht indes sowohl die Gesetzessystematik als auch der objektive Zweck des § 39a GWB.

Zum einen knüpft § 39a Abs. 1 Nr. 2 GWB den Erlass einer Anmeldeverfügung an den Nachweis objektiv nachvollziehbarer Anhaltspunkte für eine erhebliche Behinderung wirksamen Wettbewerbs in den genannten Wirtschaftszweigen durch künftige Zusammenschlüsse. Dieses Erfordernis

---

152 Begründung zum Gesetzesentwurf der Bundesregierung v. 31.5.2012, BT-Drs. 17/9852, S. 20.
153 Begründung zum Gesetzesentwurf der Bundesregierung v. 19.10.2020, BT-Drs. 19/23492, S. 96.
154 BKartA, Stellungnahme zum Regierungsentwurf zur 10. GWB-Novelle v. 23.11.2020, S. 22.

wurde gegenüber der Erstfassung des § 39a GWB durch den Regierungsentwurf (der der verkündeten Fassung des § 39a GWB entspricht) erheblich verschärft, um den Erlass einer Anmeldeverfügung an enge Voraussetzungen zu knüpfen.[155] Sowohl aus der ursprünglichen Fassung des § 39a
Abs. 1 Nr. 2 GWB-RefE als auch aus der finalen Fassung der Regelung lässt
sich ableiten, dass eine Verknüpfung zwischen der Anmeldepflicht und
bestehenden Anhaltspunkten für wettbewerbliche Bedenken zwingend ist.
Diese Verknüpfung (und die dadurch aufgestellten strengen Anforderungen für den Erlass einer Verfügung nach § 39a GWB) würde in Frage
gestellt, wenn das Bundeskartellamt eine umfassende Prüfungskompetenz
hätte.

Dasselbe gilt mit Blick auf das Erfordernis einer in zeitlichem und
sachlichem Zusammenhang mit dem Erlass der Anmeldeverfügung abgeschlossen Sektoruntersuchung. Auch dieses Erfordernis würde letztlich
umgangen, würde dem Bundeskartellamt eine umfassende Prüfungskompetenz für Zusammenschlüsse, die über die in der Anmeldeverfügung
genannten Wirtschaftszweige hinausgehen, eingeräumt.

Auch der objektive Zweck des Gesetzes gebietet eine einschränkende
Auslegung des § 39a GWB: § 39a GWB wurde geschaffen, um dem Bundeskartellamt ein Tätigwerden zu ermöglichen, *„bevor in bestimmten Märkten
eine marktbeherrschende Stellung großer Unternehmen entsteht"*[156] [Hervorhe-
bung durch Verf.]. Durch die Regelung sollen mithin als problematisch
wahrgenommene Entwicklungen auf einzelnen Märkten zielgerichtet auf-
gegriffen werden können. Durch das Anknüpfen an Wirtschaftszweige
statt an Märkte schuf der Gesetzgeber ein Kriterium, das dem Bundeskartellamt ein gewisses Maß an Flexibilität einräumt und es im Rahmen der
Prüfung, ob eine Verfügung nach § 39a GWB erlassen wird, vom strengen
Korsett der Marktabgrenzung befreit. Wurde dem Bundeskartellamt schon
die Möglichkeit gewährt, statt auf verschiedene (genau bezeichnete) Märkte auf Wirtschaftszweige abzustellen, muss sich die Prüfungskompetenz
auch auf die betreffenden Wirtschaftszweige beschränken. Eine Ausdehnung der Prüfungskompetenz des Bundeskartellamts über die in einer
Anmeldeverfügung bezeichneten Wirtschaftszweige hinaus wäre eine vom
Gesetzeszweck nicht mehr gedeckte Überdehnung der mit der Schaffung
des § 39a GWB verfolgten Ziele.

---

155 Begründung zum Gesetzesentwurf der Bundesregierung v. 19.10.2020, BT-Drs.
   19/23492, S. 95.
156 Begründung zum Gesetzesentwurf der Bundesregierung v. 19.10.2020, BT-Drs.
   19/23492, S. 95.

Im Anwendungsbereich des § 39a GWB ist die Regelung des § 36 GWB mithin dahin auszulegen, dass sich die Prüfungskompetenz des Bundeskartellamts auf diejenigen Märkte beschränkt, die zu den in der Anmeldeverfügung genannten Wirtschaftszweigen gehören.[157]

Diese Auslegung ist nicht nur aus gesetzessystematischen und teleologischen Gründen zwingend, sondern auch aus verfassungsrechtlichen Erwägungen geboten. So greift die Unterwerfung eines Zusammenschlussvorhabens unter die Fusionskontrolle in grundrechtlich geschützte Positionen der betroffenen Unternehmen (Berufs- und Gewerbefreiheit, Eigentum, Artt. 12 Abs. 1, 14 Abs. 1 GG, s.o.) ein. Dies gilt insbesondere, wenn sich die Anmeldepflicht aus einer Verfügung nach § 39a GWB ergibt, da insoweit neben den genannten Rechtsgütern auch das Gleichbehandlungsgebot betroffen ist (vgl. oben unter B.IV.1. und 2.). Eine Untersagung eines Zusammenschlussvorhabens auf Basis der Verhältnisse auf einem Markt, der nicht in einer Verfügung nach § 39a Abs. 1 GWB benannt ist (als Teil der dort bezeichneten Wirtschaftszweige), würde einen sich nicht unmittelbar aufgrund eines Gesetzes ergebenden, unverhältnismäßigen und nicht gerechtfertigten Eingriff in grundrechtlich geschützte Positionen des betroffenen Unternehmens darstellen.

Eine solche Auslegung ist nicht systemwidrig. Zum einen stellt bereits die Regelung des § 39a GWB einen Paradigmenwechsel im System der deutschen Fusionskontrolle dar. Die Einräumung einer „gesetzlichen Blankettermächtigung",[158] bestimmte Unternehmen einer spezifischen Fusionskontrolle unterhalb der gesetzlich vorgesehenen Schwelle des § 35 GWB zu unterwerfen, stellt ein bis dato unbekanntes Instrument dar. Die hier vertretene Auffassung wird zum anderen durch einen Vergleich mit der seit der 8. GWB-Novelle geltenden Rechtslage mit Blick auf Bagatellmärkte bestätigt. Nach § 36 Abs. 1 S. 2 Nr. 2 GWB dürfen Zusammenschlüsse, bei denen die Untersagungsvoraussetzungen nur auf Bagatellmärkten vorliegen, nicht untersagt werden. Gleichwohl unterliegen solche Zusammenschlüsse einer umfassenden Anmeldepflicht, d.h. auch für Bagatellmärkte kann nicht darauf verzichtet werden, die nach § 39 Abs. 3 Nr. 1 bis 6 GWB geforderten Angaben zu machen. Ähnlich verhält es sich schließlich mit Blick auf die Teilverweisung eines Zusammenschlusses durch die Europäische Kommission nach Art. 9 Abs. 3 lit. b) FKVO.

---

157 Im Ergebnis zust. *Becker*, in Bien et al., Die 10. GWB-Novelle, Kap. 5.D., Rn. 74.
158 Studienvereinigung Kartellrecht e.V., Stellungnahme zu den mit dem Referentenentwurf vorgeschlagenen Änderungen – Verwaltungsverfahren/Schadensersatz/Fusionskontrolle, 13.2.2020, S. 42.

Auch in diesen Fällen beschränkt sich die Prüfungskompetenz des Bundeskartellamts (bzw. anderer mitgliedstaatlicher Wettbewerbsbehörden) auf einzelne Märkte.[159]

Nach alledem bleibt festzuhalten, dass § 36 GWB bei Zusammenschlüssen, die auf Grund einer Anmeldeverfügung nach § 39a GWB angemeldet werden, so auszulegen ist, dass sich die Prüfungskompetenz des Bundeskartellamts auf jene Märkte beschränkt, die den gemäß § 39a Abs. 4 S. 2 GWB in der Anmeldeverfügung genannten Wirtschaftszweigen angehören.

3. Auswirkungen auf Zusammenschlüsse in der Schwebezeit zwischen Signing und Closing

Da die Verfügung mit Zustellung sofort wirksam und für die Frage der Anmeldepflicht der Zeitpunkt des Vollzugs maßgeblich ist, müssen selbst Transaktionen, die sich zu diesem Zeitpunkt im Schwebezustand zwischen Signing und Closing befinden, angemeldet werden. Das Gesetz sieht keine Übergangsregelung vor.

Da nicht absehbar ist, ob und wann genau eine Verfügung nach § 39a GWB erlassen und zugestellt wird, bringt die Regelung des § 39a GWB eine (Transaktions-)Unsicherheit bei der Gestaltung von Unternehmenskaufverträgen, insbesondere bei der Gestaltung der darin üblicherweise enthaltenen Vollzugsbedingungen, mit sich. Insofern bietet es sich an, jedenfalls in Kaufverträge, die nach Abschluss einer möglicherweise relevanten Sektoruntersuchung geschlossen werden und die Zielgesellschaften betreffen, die die Voraussetzungen des § 39a Abs. 2 GWB erfüllen, entsprechende Regelungen für den Fall, dass eine Verfügung nach § 39a GWB zugestellt wird, aufzunehmen.

Außerdem ist es ratsam, spätestens mit Bekanntwerden des Abschlusses einer möglicherweise relevanten Sektoruntersuchung den Zeitraum zwischen Signing und Closing möglichst kurz zu halten. Es sollte darüber hinaus sichergestellt werden, dass die Zustellung einer Anmeldeverfügung allen mit dem Adressaten verbundenen Unternehmen bekannt gemacht wird (insoweit gilt die übliche Konzernbetrachtung, s.o. unter C.I.1.a)).[160]

Bei der materiellen Beurteilung eines Zusammenschlusses, der aufgrund von § 39a GWB der Anmeldepflicht unterliegt, gelten (soweit die Prü-

---

159 Vgl. z.B. *Bechtold/Bosch/Brinker*, EU-Kartellrecht, Art. 9 FKVO, Rn. 13 ff.
160 S. hierzu *Gröss/Mersch*, NZKart 2020, 124.

fungskompetenz des Bundeskartellamts reicht, s.o., hierzu D.III.2.) keine Besonderheiten gegenüber der Prüfung von nach § 35 GWB anmeldepflichtigen Zusammenschlüssen. Das heißt, das Bundeskartellamt wird
prüfen, ob durch den Zusammenschluss wirksamer Wettbewerb erheblich
behindert würde. Die Bagatellmarktklausel des § 36 Abs. 1 S. 2 Nr. 2 GWB
gilt auch für Zusammenschlüsse, die der Anmeldepflicht nach § 39a GWB
unterliegen. Der Forderung des Bundeskartellamts, wonach die unter § 39a
GWB zu prüfenden Fälle aus der Bagatellmarktklausel ausgenommen werden sollten,[161] kam der Gesetzgeber nicht nach.

IV. *Rechtsschutz gegen eine Verfügung nach § 39a GWB*

1. Statthafte Rechtsbehelfe

a) Anfechtungsbeschwerde und weiterer Rechtsweg

Gegen eine Verfügung nach § 39a GWB ist – wie gegen andere Verfügungen des Bundeskartellamts – nach § 73 Abs. 1 S. 1 GWB die (Anfech-
tungs-)Beschwerde statthaft. Diese ist binnen eines Monats nach Zustellung der Verfügung beim Bundeskartellamt einzureichen. Das OLG Düsseldorf entscheidet über die Beschwerde, die innerhalb von zwei Monaten
nach Zustellung der angefochtenen Verfügung zu begründen ist.

Im Falle einer abweisenden Entscheidung des OLG Düsseldorf besteht
die Möglichkeit, bei Zulassung der Rechtsbeschwerde zum BGH durch
das OLG Düsseldorf, Rechtsbeschwerde einzulegen. Unterbleibt die Zulassung der Rechtsbeschwerde, bleibt die Möglichkeit, Nichtzulassungsbeschwerde gem. § 78 Abs. 1 GWB einzulegen. Über diese hätte der BGH
durch begründeten Beschluss zu entscheiden (§ 78 Abs. 2 GWB). Die
Nichtzulassungsbeschwerde müsste binnen eines Monats nach Zustellung
der Beschwerdeentscheidung beim OLG Düsseldorf eingelegt und binnen
zwei Monaten begründet werden (§ 78 Abs. 3, Abs. 4 GWB).

Das durch eine Nichtzulassungsbeschwerde ausgelöste Verfahren bezieht sich nur auf die Frage, ob das OLG Düsseldorf die Zulassung der
Rechtsbeschwerde zu Recht abgelehnt hat. Es kommt somit allein darauf
an, ob (1) eine Rechtsfrage von grundsätzlicher Bedeutung zu entscheiden
ist oder (2) aus Gründen der Rechtsfortbildung bzw. der Sicherung einer

---

161 BKartA, Stellungnahme zum Regierungsentwurf zur 10. GWB-Novelle v.
23.11.2020, S. 21.

einheitlichen Rechtsprechung eine Entscheidung des BGH erforderlich ist, vgl. § 77 Abs. 2 GWB. Bei der Beurteilung der Frage, ob einer Rechtsfrage grundsätzliche Bedeutung zukommt, kann es nur um Rechtsfragen (und nicht um Tatsachenfragen) gehen. Die Rüge mangelnder Sachverhaltsaufklärung ist nicht möglich.

Sollte die Nichtzulassungsbeschwerde Erfolg haben oder die Rechtsbeschwerde von vornherein zugelassen worden sein, wofür aufgrund der zahlreichen unbestimmten und auslegungsbedürftigen Rechtsbegriffe in der Neuregelung einiges sprechen dürfte, kann mit der Rechtsbeschwerde nur eine Gesetzesverletzung angegriffen werden (§ 79 Abs. 2 GWB). Der BGH ist bei der Prüfung grundsätzlich an die tatsächlichen Feststellungen des OLG gebunden (§ 79 Abs. 6 GWB). Es dürfen im Rechtsbeschwerdeverfahren grundsätzlich keine weiteren Tatsachen vorgetragen und berücksichtigt werden.

b) Antrag auf Anordnung der aufschiebenden Wirkung

Die Beschwerde gegen eine Verfügung nach § 39a GWB hat keine aufschiebende Wirkung (arg. e cont. § 66 Abs. 1 GBW). Aus diesem Grund kann zur Abwendung der mit Zustellung der Verfügung geltenden Anmeldepflicht ein Antrag auf Anordnung der aufschiebenden Wirkung nach § 67 Abs. 3 S. 3 GWB erwogen werden. Ein Antrag nach § 80 Abs. 5 S. 1 Alt. 1 VwGO ist unstatthaft.[162]

Nach § 67 Abs. 3 S. 3 GWB kann das Gericht der Hauptsache – das OLG Düsseldorf – die aufschiebende Wirkung der Beschwerde ganz oder teilweise anordnen, wenn ernstliche Zweifel an der Rechtmäßigkeit der angefochtenen Verfügung bestehen oder die Vollziehung für den Betroffenen

---

162 Die gegenteilige Aussage der Gesetzesbegründung (Begründung zum Gesetzesentwurf der Bundesregierung v. 19.10.2020, BT-Drs. 19/23492, S. 96) muss ein Redaktionsversehen sein Der Rechtsschutz in Kartellverwaltungssachen ist ausschließlich Sache der nach dem GWB zuständigen Beschwerdegerichte. Beschwerdegericht ist nach § 73 Abs. 4 GWB das OLG Düsseldorf bzw. nach § 73 Abs. 5 GWB in den dort enumerativ genannten Fällen der BGH. Bei dieser Zuweisung handelt es sich um eine umfassend zu verstehende ausdrückliche Rechtswegzuweisung i.S.v. § 40 VwGO, d.h. das Verwaltungsprozessrecht der VwGO gilt nicht. Entsprechend ist § 80 Abs. 5 VwGO nicht anwendbar, auch nicht analog: Für eine analoge Anwendung fehlt es angesichts des § 67 Abs. 3 GWB bereits an einer Regelungslücke.

eine unbillige, nicht durch überwiegende öffentliche Interessen gebotene Härte zur Folge hätte.

aa) Ernstliche Zweifel an der Rechtmäßigkeit einer Verfügung

Die von der Rechtsprechung entwickelten Kriterien zur Frage, wann ernstliche Zweifel an der Rechtsmäßigkeit einer Verfügung bestehen, sind hoch. So werden ernstliche Zweifel nur bejaht, wenn eine bloß summarische Überprüfung der Sach- und Rechtslage die Aufhebung der angefochtenen Verfügung in der Hauptsache überwiegend wahrscheinlich ist.[163] Eine 50:50-Wahrscheinlichkeit genügt nicht.[164]

Die genannten Zweifel können ihre Grundlage in tatsächlichen Umständen haben[165] oder rechtlicher Natur sein und sowohl auf materiell-rechtlichen als auch auf verfahrensrechtlichen Erwägungen (z.B. auf einer mangelnden Begründung) beruhen, wobei zu den rechtlichen Zweifeln auch solche verfassungsrechtlicher Art zählen.[166] Es genügt allerdings nicht, dass das Beschwerdegericht die Verfassungswidrigkeit einer Norm lediglich für denkbar hält. Dies mag allenfalls bei der Abwägung, ob die Vollziehung für den Betroffenen eine unbillige, nicht durch überwiegende öffentliche Interessen gebotene Härte zur Folge hätte (dazu sogleich), zu berücksichtigen sein.[167]

Aus der Natur des Eilrechtsschutzverfahrens folgt, dass Rechtsfehler, die sich erst nach einer umfassenden Rechtmäßigkeitsprüfung zeigen können, nicht ausreichen.[168] Ebenso wenig genügt eine bloß offene Rechtslage[169]

---

163 Statt vieler: *Johanns/Roesen*, in MüKo-GWB, § 65 Rn. 14 m.w.N.

164 *Schmidt*, in Immenga/Mestmäcker, § 65 Rn. 14. A.A.: *Birmanns*, in FK, § 65 Rn. 37.

165 Ein tatsächlicher Umstand wäre beispielsweise die mangelhafte Sachaufklärung durch das BKartA. S. hierzu OLG Düsseldorf, Beschl. v. 31.5.2017, VI-5 Kart 2/17 (V), Rn. 16 (juris); *Schmidt*, in Immenga/Mestmäcker, § 65 Rn. 14.

166 *Schmidt*, in Immenga/Mestmäcker, § 65 Rn. 14; BGH, Beschl. v. 26.1.2016, KVZ 41/15, Rn. 31 (juris).

167 BGH, Beschl. v. 26.1.2016, KVZ 41/15, Rn. 31 (juris): *„Hat das Beschwerdegericht erhebliche Bedenken hinsichtlich der Verfassungsmäßigkeit einer Norm, die einer angefochtenen Verfügung zugrunde liegt, werden regelmäßig ernsthafte Zweifel an der Rechtmäßigkeit der Verfügung im Sinne von § 65 Abs. 3 Satz 1 Nr. 2 GWB vorliegen"* [Hervorhebung durch Verf.].

168 OLG Düsseldorf, Beschl. v. 31.5.2017, VI-5 Kart 2/17 (V), Rn. 12 (juris); *Bechtold/Bosch*, GWB, § 65 Rn. 7.

169 OLG Frankfurt, Beschl. vom 12.7.2012, 11 W 13/12 (Kart), Rn. 18 (juris).

oder der Umstand, dass die Zweifel an der Rechtsauffassung des Bundes-kartellamts lediglich nichttragende Punkte der angegriffenen Verfügung betreffen.[170] Angesichts der verfassungsrechtlichen Implikationen des § 39a GWB und der zahlreichen noch offenen Rechtsfragen in diesem Zusammenhang könnte einiges für die Gewährung von Eilrechtsschutz auf der Basis von § 67 Abs. 3 S. 3 Alt. 1 (i.V.m Abs. 3 S. 1 Nr. 2) GWB sprechen.

bb) Vorliegen einer unbilligen Härte

Eine unbillige, nicht durch überwiegende öffentliche Interessen gebotene Härte liegt in der Regel vor, wenn die den Betroffenen belastenden Nachteile schwerwiegend sind,[171] über den eigentlichen Zweck der Verfügung hinausgehen[172] und nicht oder kaum wieder gut zu machen sind.[173] Ebenfalls als unzumutbar gelten Existenzbedrohungen und irreparable Folgen des sofortigen Vollzugs.[174] Während erstere vom Betroffenen grundsätzlich nicht hingenommen werden müssen, können letztere – wenn auch nur ausnahmsweise – durch überwiegende öffentliche Interessen aufgewogen werden.[175]

Hinsichtlich der (Un-)Zumutbarkeit können weiter die voraussichtliche Verfahrensdauer,[176] der voraussichtliche Ausgang des Verfahrens[177] sowie gefürchtete Imageschäden und wettbewerbliche Nachteile[178] eine Rolle spielen. Auch die Frage, ob und inwieweit das betroffene Unternehmen seine Marktstrategie ändern muss, ist zu berücksichtigen.[179]

Die genannten Voraussetzungen zeigen, dass die Anforderungen an den Nachweis einer unbilligen Härte hoch sind. Dies gilt umso mehr, als das Argument, ein bestimmtes Unternehmen müsse durch eine Anmeldever-

---

170 *Schmidt*, in Immenga/Mestmäcker, § 65 Rn. 14; OLG Düsseldorf, Beschl. v. 4.9.2002, Kart 26/02 (V), Rn. 6 ff., 19 (juris).
171 *Johanns/Roesen*, in MüKo-GWB, § 65 Rn. 15 m.w.N.
172 OLG Düsseldorf, Beschl. v. 15.7.2013, VI-Kart 9/12, Rn. 11 (juris).
173 *Bechtold/Bosch*, GWB, § 65 Rn. 7 m.w.N.
174 OLG Düsseldorf, Beschl. v. 14.6.2007, VI-Kart 9/07 (V), Rn. 6 (juris); s. auch *Johanns/Roesen*, in MüKo-GWB, § 65 Rn. 15 m.w.N.
175 *Schmidt*, in Immenga/Mestmäcker, GWB, § 65 Rn. 15 m.w.N.
176 *Johanns/Roesen*, in MüKo-GWB, § 65 Rn. 15.
177 *Schmidt*, in Immenga/Mestmäcker, § 65 Rn. 15; *Kühnen*, in LMRKM, Kartellrecht, § 65 Rn. 14; OLG Düsseldorf, Beschl. v. 15.7.2013, VI-Kart 9/12 (V), Rn. 11 (juris).
178 OLG Düsseldorf, Beschl. v. 17.9.2012, VI-2 Kart 3/12 (V), Rn. 32 (juris).
179 *Schmidt*, in Immenga/Mestmäcker, § 65 Rn. 15.

fügung eine unterstellte, auf den Aufkauf kleiner, regional tätiger Wettbewerber, deren Umsätze sich unterhalb der Aufgreifschwellen bewegen,
gerichtete Marktstrategie anpassen bzw. gar aufgeben, nicht erfolgversprechend sein dürfte. So muss die unbillige Härte in Umständen begründet
sein, die über den eigentlichen Zweck der Verfügung hinausgehen. Zweck
einer Verfügung nach § 39a Abs. 1 GWB ist es aber gerade zu verhindern,
dass sich größere Unternehmen oder Konzerne durch Zusammenschlüsse unterhalb des Radars des Bundeskartellamts in Regionalmärkten eine
Vormachtstellung erkaufen.[180] Ferner wird sich auf den Nachweis einer
unbilligen Härte nachteilig auswirken, dass das durch die Verfügung gem.
§ 39a Abs. 1 GWB betroffene Unternehmen nur zur Anmeldung von Zusammenschlüssen verpflichtet wird, der Prüfungsmaßstab der materiellen
Fusionskontrolle aber (grundsätzlich) unberührt bleibt (und insbesondere
die Bagatellmarktklausel weiterhin gilt).[181]

Nach alledem wird ein Antrag auf Anordnung der aufschiebenden
Wirkung einer Beschwerde gegen eine Anmeldeverfügung allenfalls dann
erfolgversprechend sein, wenn er auf ernstliche Zweifel an der Rechtmäßigkeit der Verfügung gestützt wird. Die Erfolgsaussichten eines solchen
Rechtsbehelfs hängen jedoch maßgeblich von den Umständen des Einzelfalls ab, d.h. von der konkret betroffenen Verfügung.

c) Antrag auf Aussetzung der Vollziehung

Nur der Vollständigkeit halber sei auf die Möglichkeit, beim Bundeskartellamt nach § 67 Abs. 3 S. 2 GWB die Aussetzung der Vollziehung zu be-
antragen, hingewiesen. Ein solcher Antrag verspricht jedoch wenig Erfolg:
So steht die Entscheidung der Aussetzung der Vollziehung ausweislich
des Wortlauts des § 67 Abs. 3 S. 2 GWB („*kann*") im Ermessen des Bundeskartellamts.[182] Nur in Fällen, in denen die Vollziehung der Verfügung
für den Antragsteller eine unbillige, nicht durch überwiegende öffentliche
Interessen gebotene Härte zur Folge hätte, „*soll*" das Bundeskartellamt
einem solchen Antrag stattgeben. Diese Voraussetzungen liegen mit Blick
auf Anmeldeverfügungen aus den o.g. Gründen nicht vor.

---

180 Vgl. Begründung zum Gesetzesentwurf der Bundesregierung v. 19.10.2020, BT-
     Drs. 19/23492, S. 95.
181 Begründung zum Gesetzesentwurf der Bundesregierung v. 19.10.2020, BT-Drs.
     19/23492, S. 96.
182 *Bechtold/Bosch*, GWB, § 65 Rn. 6.

d) Vorbeugende Unterlassungsbeschwerde

Ebenfalls nur der Vollständigkeit halber sei darauf hingewiesen, dass theoretisch die Möglichkeit besteht, eine vorbeugende Unterlassungsbeschwerde[183] zu erheben (gerichtet auf Unterlassen des Erlasses der Verfügung[184]), wenn absehbar ist, dass eine Sektoruntersuchung in den Erlass einer Anmeldeverfügung mündet.

An die Zulässigkeit einer vorbeugenden Unterlassungsbeschwerde werden hohe Anforderungen gestellt. Nach der Rechtsprechung ist *„ein qualifiziertes, gerade auf die Inanspruchnahme des vorbeugenden Rechtsschutzes gerichtetes Interesse"*[185] erforderlich. Für vorbeugenden Rechtsschutz ist nach etablierter Rechtsprechung kein Raum, wo und solange der Betroffene zumutbarerweise auf den als grundsätzlich angemessen und ausreichend angesehenen nachträglichen Rechtsschutz verwiesen werden kann. Ein solches Interesse setzt voraus, dass das bevorstehende Verwaltungshandeln irreparable oder zumindest nur schwer auszugleichende Nachteile zur Folge hätte. Da mittels einer § 39a GWB-Verfügung „nur" eine Anmeldepflicht begründet wird, ohne dass die materiellen Anforderungen an die Freigabefähigkeit eines Zusammenschlussvorhabens verschärft werden, wird der Nachweis eines qualifizierten Rechtsschutzbedürfnisses nur selten gelingen.

2. Materiell-rechtliche Erwägungen

In materieller Hinsicht kann eine Anfechtungsbeschwerde gegen eine Anmeldeverfügung zweierlei Anknüpfungspunkte haben: Zum einen kann sich die Beschwerde darauf stützen, dass die Verfügung im konkreten Fall rechtswidrig ist, da die Tatbestandsvoraussetzungen des § 39a GWB nicht erfüllt sind. Zum anderen kann vorgebracht werden, dass bereits die der Verfügung zugrunde liegende Rechtsgrundlage, § 39a GWB, verfassungswidrig ist.

---

183 S. zur Zulässigkeit einer vorbeugenden Unterlassungsbeschwerde *Bechtold/Bosch*, GWB, § 63 Rn. 3, 13.

184 Führt das bevorstehende Verwaltungshandeln zu irreparablen oder zumindest auszugleichenden Nachteilen, kann auch die Abwehr einer kartellrechtlichen Verfügung – nicht nur eines hoheitlichen Verwaltungshandelns – erstrebt werden (s. hierzu *Bechtold/Bosch*, GWB, § 63 Rn. 13).

185 BGH, Beschl. v. 18.2.1992, KVR 4/91, Rn. 10 (juris).

a) Rechtmäßigkeit der Verfügung im konkreten Fall

Ob eine Verfügung die Tatbestandsvoraussetzungen des § 39a GWB erfüllt, ist eine Frage des konkreten Einzelfalls und kann pauschal nicht beantwortet werden. Abstrakt betrachtet kann eine Anmeldeverfügung insbesondere auf Basis der folgenden Punkte einer gerichtlichen Überprüfung unterzogen werden: (1) die „Abgrenzung" der relevanten Wirtschaftszweige; (2) die Frage, inwiefern objektiv nachvollziehbare Ansatzpunkte dafür bestehen, dass durch künftige Zusammenschlüsse der Wettbewerb erheblich behindert werden könnte; (3) die Berechnung des Liefer-/Nachfrageanteils des betreffenden Unternehmens auf den relevanten Wirtschaftszweigen; (4) das Erfordernis der Durchführung einer Sektoruntersuchung in zeitlichem Zusammenhang mit dem Erlass der Verfügung bzw. der mangelnde Zusammenhang zwischen dem Inhalt der Sektoruntersuchung und den weiteren in der Verfügung genannten Wirtschaftszweigen; (5) die Ermessensausübung durch das Bundeskartellamt im konkreten Fall. Insofern verweisen wir auf die Ausführungen in den Abschnitten C.I. und II. sowie D.I.

b) Recht-/Verfassungsmäßigkeit des § 39a GWB

Im Rahmen einer Beschwerde gegen eine Verfügung nach § 39a GWB kann weiter vorgebracht werden, dass die Verfügung auf einer verfassungswidrigen Rechtsgrundlage beruht. Es spricht einiges dafür, dass § 39a GWB gegen das Prinzip des Gesetzesvorbehalts (Art. 20 Abs. 3 GG) verstößt und daher verfassungswidrig ist. Insoweit verweisen wir auf unsere Ausführungen unter B.IV.1. und 2.

Da es allein dem BVerfG obliegt, über die Verfassungsmäßigkeit von Gesetzen zu entscheiden, sind bei der Geltendmachung verfassungsrechtlicher Bedenken einige prozessuale Besonderheiten zu beachten: Hält ein Gericht – hier das OLG Düsseldorf oder ggf. der BGH – eine Norm für verfassungswidrig, setzt dieses Gericht das Verfahren aus und holt die Entscheidung des BVerfG ein (konkrete Normenkontrolle, Art. 100 Abs. 1 GG). Hat das BVerfG entschieden, schließt das Fachgericht das Verfahren unter Beachtung der Rechtsprechung des BVerfG ab. Eine solche Situation kann eintreten, wenn Beschwerde gegen eine Anmeldeverfügung eingelegt wird.

Nach Erschöpfung des Rechtswegs kann zudem Verfassungsbeschwerde erhoben werden. Bei der Verfassungsbeschwerde handelt es sich nicht um eine Erweiterung des fachgerichtlichen Instanzenzugs, sondern um einen außerordentlichen Rechtsbehelf, mittels dessen nur die Verletzung spezifischen Verfassungsrechts überprüft werden kann. Die Zulässigkeit einer Verfassungsbeschwerde setzt somit voraus, dass die Möglichkeit einer unmittelbaren, gegenwärtigen Verletzung von Grundrechten oder anderer, in Art. 93 Abs. 1 Nr. 4a) GG genau bezeichneter Rechte des Beschwerdeführers gerügt wird. Die Verfassungsbeschwerde ist grundsätzlich erst zulässig, wenn der fachgerichtliche Instanzenzug vollständig durchlaufen ist, § 90 Abs. 2 S. 1 BVerfGG. Die verfassungsrechtlichen Bedenken müssen bereits während des Beschwerdeverfahrens beim OLG Düsseldorf bzw. beim BGH geltend gemacht worden sein. Andernfalls besteht die Gefahr, dass das BVerfG die verfassungsrechtlichen Argumente als präkludiert ansieht und zurückweist. Die Verfassungsbeschwerde gegen Entscheidungen der Gerichte ist nur binnen eines Monats zulässig. Innerhalb dieser Frist muss sie auch begründet werden.

3. Folge der (Teil-)Aufhebung einer Verfügung durch Gericht

Gelangt das OLG Düsseldorf bzw. ggf. der BGH zu dem Ergebnis, dass die angefochtene Anmeldeverfügung rechtswidrig – d.h. entweder unzulässig (z.B. weil sie verfahrensfehlerhaft zustande gekommen ist) oder unbegründet (also materiell-rechtlich zu beanstanden) – ist, wird die Verfügung mit rückwirkender Wirkung (*ex tunc*)[186] aufgehoben, § 76 Abs. 2 S. 1 GWB. Das Beschwerdegericht hat eine rein kassatorische Entscheidungsbefugnis, d.h. es darf die angefochtene Verfügung nicht durch eine andere Verfügung ersetzen.[187] Dies gilt auch, wenn das Bundeskartellamt einen entsprechenden (Hilfs-)Antrag stellt.[188]

Ist die angefochtene Verfügung teilbar und beschränkt sich die Rechtswidrigkeit auf einen abtrennbaren Teil der Verfügung, kommt aus Gründen der Verhältnismäßigkeit regelmäßig nur eine teilweise Aufhebung der kartellbehördlichen Entscheidung infrage. Durch die Teilaufhebung

---

186 Statt vieler: *Schmidt*, in Immenga/Mestmäcker, GWB, § 71 (a.F.) Rn. 16; *Kühnen*, in LMRKM, Kartellrecht, § 71 Rn. 27. Dies gilt im Übrigen auch bei Verfügungen mit Dauerwirkung (zu denen Verfügungen nach § 39a Abs. 1 GWB zählen), die bei ihrem Erlass rechtmäßig waren, aufgrund einer veränderten Sach- oder Rechtslage im Verlauf des Beschwerdeverfahrens aber rechtswidrig wurden (*Kühnen*, in LMRKM, Kartellrecht, § 71 Rn. 27).

187 *Schmidt*, in Immenga/Mestmäcker, § 71 (a.F.) Rn. 14 m.w.N.

188 *Kühnen*, in LMRKM, Kartellrecht, § 71 Rn. 26 m.w.N.

darf sich die angefochtene Verfügung in ihrem Wesen nicht verändern.[189] Denkbar ist eine solche Teilaufhebung im vorliegenden Fall mit Blick auf mehrere in einer Verfügung nach § 39a GWB genannten Wirtschaftszweige: Kommt das Beschwerdegericht beispielsweise zu dem Ergebnis, dass einzelne der in der Verfügung genannten Wirtschaftszweige falsch bestimmt wurden oder der Liefer-/Nachfrageanteil des betreffenden Unternehmens insoweit unter 15 % liegt, ist eine Teilaufhebung bezüglich der fälschlicherweise genannten Wirtschaftszweige denkbar.

Mit Blick auf Zusammenschlüsse, die aufgrund einer Verfügung nach § 39a GWB vor (Teil-) Aufhebung der Verfügung angemeldet und ggf. untersagt wurden, gilt Folgendes:

a) Auswirkungen der Aufhebung der § 39a GWB-Verfügung auf laufende Verfahren

Bei Zusammenschlüssen, die aufgrund einer Verfügung nach § 39a GWB angemeldet wurden und die vom Bundeskartellamt noch geprüft werden, führt die Aufhebung der Verfügung zum Wegfall der Anmeldepflicht. Die Anmeldung kann mithin zurückgenommen und der Zusammenschluss vollzogen werden, ohne dass es einer (Freigabe-)Entscheidung des Bundeskartellamts bedarf.

b) Auswirkungen der Aufhebung der § 39a GWB-Verfügung auf angemeldete und ohne Nebenbestimmungen freigegebene Zusammenschlüsse

Wurde ein Zusammenschluss angemeldet und vom Bundeskartellamt freigegeben, führt die Aufhebung der Anmeldeverfügung zu keiner Änderung der Rechtslage mit Blick auf den betreffenden Zusammenschluss. Der Zusammenschluss ist bereits freigegeben und durfte daher ohnehin vollzogen werden.

Allerdings ist es denkbar, vom Bundeskartellamt Ersatz der für die Anmeldung aufgewandten Kosten und Gebühren im Wege der Staatshaftung zu verlangen. Ein Amtshaftungsanspruch (§ 839 BGB i.V.m. Art. 34 GG) ist allerdings an strenge Voraussetzungen geknüpft; insbesondere haftet

---

189 *Kühnen*, in LMRKM, Kartellrecht, § 71 Rn. 26.

der Staat nur verschuldensabhängig.[190] Ob ein Amtshaftungsanspruch besteht, ist daher eine Frage des Einzelfalls. Vor allem wenn eine Verfügung nach § 39a GWB nur deswegen aufgehoben wird, weil sich die zugrundeliegende Rechtsgrundlage, d.h. § 39a GWB, als verfassungswidrig erwiesen hat, dürften die Erfolgsaussichten einer Staatshaftungsklage gering sein.

c) Folgen einer Aufhebung der § 39a GWB-Verfügung auf angemeldete und untersagte bzw. mit Nebenbestimmungen freigegebene Zusammenschlüsse

Wird die Verfügung nach § 39a GWB aufgehoben, nachdem ein nur aufgrund der Verfügung nach § 39a Abs. 1 GWB anmeldepflichtiger Zusammenschluss untersagt bzw. mit Nebenbestimmungen freigegeben worden ist, führt die Aufhebung der Verfügung nach § 39a GWB nicht automatisch zur Freigabe des Zusammenschlusses bzw. zum Wegfall des Vollzugsverbots.

aa) Untersagung / Freigabe mit Nebenbestimmung noch nicht bestandskräftig

Ist die Entscheidung des Bundeskartellamts über den Zusammenschluss noch nicht bestandskräftig, kann die Entscheidung des Bundeskartellamts mit dem Argument der nunmehr mangelnden Anmeldepflicht (und der damit korrespondierenden fehlenden Prüfungskompetenz des Bundeskartellamts) angefochten werden.

Das zuständige Beschwerdegericht (das OLG Düsseldorf bzw. ggf. der BGH) würde die Verfügung des Bundeskartellamts (d.h. die Untersagungsentscheidung bzw. die belastenden Nebenbestimmungen) aufheben. Da das betreffende Zusammenschlussvorhaben mit Aufhebung der Verfügung nach § 39a GWB nicht mehr anmeldepflichtig ist, kann der Zusammenschluss sodann vollzogen werden, ohne dass es einer (erneuten) Entscheidung des Bundeskartellamts bedarf.

---

190 S. zum Verschulden eines Amtsträgers *Papier/Shirvani*, in MüKo-BGB, § 839 Rn. 340ff.

bb) Untersagung / Freigabe mit Nebenbestimmung bestandskräftig

Ist eine Untersagung bzw. eine Freigabe mit Nebenbestimmungen bestandskräftig (bzw. die entsprechende Beschwerdeentscheidung rechtskräftig), führt die Aufhebung einer Verfügung nach § 39a GWB ebenfalls nicht zur automatischen de facto Freigabe eines Zusammenschlussvorhabens. Einer Anfechtung der Verfügung steht deren Bestandskraft entgegen. Es bleibt daher (vorerst) dabei, dass der Zusammenschluss nicht vollzogen werden darf.

Erst wenn die Untersagung bzw. die belastende Nebenbestimmung aufgehoben wurde, darf der betreffende Zusammenschluss vollzogen werden. Nach § 48 Abs. 1 VwVfG[191] ist die Rücknahme einer Untersagung bzw. einer belastenden Nebenbestimmung auch nach Eintritt der Bestandskraft binnen eines Jahres, nachdem Kenntnis über die die Rechtswidrigkeit der Verfügung begründenden Umstände erlangt wurde, d.h. binnen eines Jahres nach Kenntnis der Rechtswidrigkeit der Anmeldeverfügung, möglich.

Auch in diesen Konstellationen ist es denkbar, vom Bundeskartellamt den Ersatz der die für die Anmeldung aufgewandten Kosten im Wege der Staatshaftung zu verlangen. Wie bereits dargelegt, ist ein Amtshaftungsanspruch (§ 839 BGB i.V.m. Art. 34 GG) an strenge Voraussetzungen geknüpft. Auch in der hier beschriebenen Konstellation ist die Frage, inwiefern ein Amtshaftungsanspruch besteht, eine Frage des Einzelfalls. Vor allem wenn die Verfügung nach § 39a GWB nur deswegen aufgehoben wird, weil sich die zugrundeliegende Rechtsgrundlage, d.h. § 39a GWB, als verfassungswidrig erwiesen hat, dürften die Erfolgsaussichten einer Staatshaftungsklage gering sein.

In der vorliegenden Konstellation ist weiter zu beachten, dass ein Staatshaftungsanspruch ausgeschlossen ist, wenn der von der Amtspflichtverletzung Betroffene vorsätzlich oder fahrlässig darauf verzichtet hat, den Schaden durch Gebrauch eines Rechtsmittels abzuwenden, vgl. § 839 Abs. 3 BGB.[192] Konkret bedeutet dies, dass ein Anspruch aus § 839 BGB i.V.m. Art. 34 GG nur bestehen kann, wenn gegen die betreffende Untersagung bzw. Nebenbestimmung Beschwerde eingelegt wurde.

---

191 Vorranginge Spezialregelungen sind vorliegend nicht ersichtlich, sodass § 48 VwVfG unseres Erachtens anwendbar ist (s. auch *Klose*, in Wiedemann, Kartellrecht, § 53 Rn. 139. S. Anwendbarkeit des § 48 VwVfG in Kartellverwaltungsverfahren: *Wiedemann*, in FS Hirsch, 2008, 343 ff.).

192 S. hierzu *Papier/Shirvani*, in MüKo-BGB, § 839 Rn. 389ff.

d) Auswirkungen der Abweisung einer Beschwerde insgesamt

Sollte die Beschwerde gegen eine Verfügung nach § 39a GWB insgesamt zurückgewiesen werden, stellt sich die Frage, ob Einwendungen gegen die Verfügung auch noch im Rahmen eines sich zeitlich anschließenden Beschwerdeverfahrens gegen eine Untersagung eines im Hinblick auf eine Verfügung nach § 39a GWB angemeldeten Zusammenschlussvorhabens möglich ist. Nach erfolgloser Beschwerde wird die mit der Beschwerde angegriffene Verfügung nach § 39a GWB bestandskräftig. Das hat zur Folge, dass die daraus erwachsende Verpflichtung zur Anmeldung von Zusammenschlussvorhaben, die vom Anwendungsbereich der bestandskräftig gewordenen Verfügung erfasst sind, beim Bundeskartellamt anzumelden und von diesem zu prüfen sind. Falls dieses nach Abschluss des Zusammenschlusskontrollverfahrens die Untersagungsvoraussetzungen nach § 36a Abs. 1 GWB bejaht und das angemeldete Zusammenschlussvorhaben untersagt, können die Zusammenschlussbeteiligten gegen diese Untersagung ebenfalls Beschwerde einlegen. Dabei liegt es nahe, die Argumente gegen die Rechtmäßigkeit der Verfügung nach § 39a GWB erneut vorzutragen. Allerdings ist dieser Möglichkeit entgegenzuhalten, dass die Verfügung des Bundeskartellamtes nach § 39a GWB in Bestandskraft erwachsen ist. Daher verbietet es sich nach unserer Auffassung, die Argumente in einem zeitlich folgenden Beschwerdeverfahren, in dem es um die Rechtmäßigkeit der Untersagung eines auf der Grundlage einer Verfügung nach § 39a GWB angemeldeten Zusammenschlussvorhabens geht, erneut vorzubringen.

Dies gilt auch, wenn das von einer Verfügung nach § 39a GWB betroffene Unternehmen rechtzeitig Beschwerde gegen die Verfügung eingelegt hat, das Beschwerdegericht das Beschwerdeverfahren noch nicht abgeschlossen hat und vorher bereits ein Zusammenschlussvorhaben, das auf der Grundlage nach der Verfügung gemäß § 39a GWB angemeldet werden musste, vom Bundeskartellamt untersagt und von den Zusammenschlussbeteiligten durch eine eigenständige Beschwerde angegriffen worden ist. In dieser Konstellation ist es denkbar, dass die gegen die Rechtmäßigkeit der Verfügung nach § 39a GWB erhobenen Einwände und vorgetragenen Argumente auch im folgenden Beschwerdeverfahren gegen die Untersagung des Zusammenschlussvorhabens durch das Bundeskartellamt vorgetragen werden.

Das zuständige Beschwerdegericht hat zwar die Möglichkeit, beide Verfahren zu verbinden. Zieht es dagegen vor die Beschwerdeverfahren getrennt zu verfolgen und gesondert über diese zu entscheiden, wofür nach unserer Auffassung die besseren Argumente streiten dürften – die erhobenen Argumente in beiden Beschwerdeverfahren dürften bestenfalls teilidentisch sein – können die vorgetragenen Argumente gegen die Verfügung des Bundeskartellamtes nach § 39a GWB nur so lange aufrechterhalten und verfolgt werden, als das Beschwerdegericht nicht in der Anfechtungsbeschwerde über die betreffende Verfügung entschieden hat. Falls es den Argumenten des Adressaten der Verfügung nach § 39a GWB folgt und die Verfügung aufhebt, muss sich dies auf das Folgeverfahren entsprechend auswirken und die Untersagung des Zusammenschlussvorhabens durch das Bundeskartellamt aufgehoben werden. Wenn es dagegen den Argumenten des Verfügungsadressaten nicht folgt und die Beschwerde abweist, müssen diese Argumente auch im Folge-Beschwerdeverfahren außer Betracht bleiben.

E. Zusammenfassung der wesentlichen Ergebnisse

I. Die Neuregelung des § 39a GWB

Am 19. Januar 2021 trat die 10. GWB-Novelle in Kraft. Ein Bestandteil der Novelle ist eine neue Vorschrift zur Fusionskontrolle, nämlich die Regelung des § 39a GWB. Danach kann das Bundeskartellamt ein Unternehmen unter bestimmten Voraussetzungen durch Verfügung verpflichten, Zusammenschlussvorhaben in einem oder mehreren bestimmten Wirtschaftszweigen anzumelden, selbst wenn die Umsatzaufgreifschwellen des § 35 GWB nicht erfüllt sind.

Der Erlass einer Verfügung nach § 39a GWB setzt voraus, dass das adressierte Unternehmen einen weltweiten Gesamtumsatz von EUR 500 Mio. erzielt, *„objektiv nachvollziehbare"* Anhaltspunkte für eine *„erhebliche"* Behinderung *„wirksamen"* Wettbewerbs bestehen, das betreffende Unternehmen in den erfassten Wirtschaftszweigen einen Anteil von mindestens 15 % am Angebot oder der Nachfrage von Waren oder Dienstleistungen in Deutschland hat und das Bundeskartellamt zuvor eine Sektoruntersuchung durchgeführt hat.

§ 39a GWB wurde ungeachtet der erhobenen verfassungsrechtlichen Bedenken vom Bundestag verabschiedet und in Kraft gesetzt. Es spricht einiges dafür, dass die Regelung sowohl gegen das Prinzip des Gesetzesvorbehalts (Art. 20 Abs. 3 GG) als auch gegen den Gleichbehandlungsgrundsatz (Art. 3 Abs. 1 GG) verstößt. Dies ergibt sich in erster Linie daraus, dass die Unterwerfung eines Zusammenschlussvorhabens unter die präventive Fusionskontrolle in grundrechtlich geschützte Positionen der betroffenen Unternehmen eingreift.

Nach ständiger Rechtsprechung des Bundesverfassungsgerichts besteht im Rahmen der Gesetzesanwendung im grundlegenden normativen Bereich kein Raum für einen behördlichen Ermessens- und Beurteilungsspielraum. § 39a GWB räumt dem Bundeskartellamt aber solch einen Spielraum ein. Aus diesem Grunde ist im Einzelfall auch ein Verstoß gegen Art. 3 Abs. 1 GG kaum zu vermeiden: Das Bundeskartellamt ist aufgrund des ihm zustehenden Ermessens gerade nicht gehalten, stets, gegenüber allen potentiell in Betracht kommenden Unternehmen und in jedem Fall, in dem die Voraussetzungen des § 39a GWB erfüllt sind, eine entsprechende Verfügung zu erlassen.

II. Tatbestandliche Voraussetzungen einer Verfügung nach § 39a GWB

Die meisten Tatbestandsvoraussetzungen des § 39a GWB sind auslegungs-
bedürftig und enthalten ungeklärte Rechtsfragen. Dies betrifft vor allem
(1) die „Abgrenzung" der relevanten Wirtschaftszweige; (2) das Vorliegen
objektiv nachvollziehbarer Ansatzpunkte für eine erhebliche Behinderung
wirksamen Wettbewerbs durch künftige Zusammenschlüsse; (3) die Berechnung des Liefer-/Nachfrageanteils auf den relevanten Wirtschaftszweigen; (4) das Erfordernis der Durchführung einer Sektoruntersuchung in
sachlichem und zeitlichem Zusammenhang mit dem Erlass der Verfügung; sowie (5) die konkrete Ermessensausübung durch das Bundeskartellamt im Einzelfall.

1. Das Kriterium der Wirtschaftszweige

Eine Verfügung nach § 39a Abs. 1 GWB bezieht sich auf einen oder
mehrere „Wirtschaftszweige". Der Begriff des Wirtschaftszweigs – auch
Sektor genannt – ist weiter als derjenige des Marktes und umfasst ein
Bündel mehrerer Märkte. Die Bestimmung eines Wirtschaftszweigs folgt
keinen festgelegten, ökonomischen Kriterien; insbesondere kommt das
zur Abgrenzung eines kartellrechtlich relevanten Marktes herangezogene
Bedarfsmarktkonzept nicht zur Anwendung.

Als Orientierung kann das Bundeskartellamt die Gliederung der Klassifikation der Wirtschaftszweige des Statistischen Bundesamts heranziehen.
Das Bundeskartellamt hat sich in seinen bisherigen Sektoruntersuchungen
an der Klassifikation des Statistischen Bundesamts jedoch allenfalls orientiert.

2. Die Anwendungsvoraussetzungen von § 39a Abs. 1 Nr. 2 GWB

§ 39a Abs. 1 Nr. 2 GWB verlangt *objektiv nachvollziehbare* Anhaltspunkte
dafür, dass durch künftige Zusammenschlüsse der *wirksame* Wettbewerb
im Inland in den in der Verfügung genannten Wirtschaftszweigen *erheblich behindert* werden *könnte*.

Nach der Gesetzesbegründung können sich objektiv nachvollziehbare
Anhaltspunkte insbesondere aus einer Sektoruntersuchung des Bundeskar-
tellamts ergeben. Auch der Umstand, dass ein bereits marktmächtiges
Unternehmen schrittweise kleine Wettbewerber übernimmt oder ein Un-

ternehmen in einem bestimmten Wirtschaftsbereich oder einem bereits konzentrierten Markt die für seine Marktposition potenziell gefährlichen Newcomer aufkauft, wird als Anhaltspunkt genannt, ebenso wie Beschwerden von Wettbewerbern, Kunden oder Verbrauchern.

Diese Aufzählung geht indes zu weit: Aus gesetzessystematischen Gründen muss ein Kausalzusammenhang zwischen den Ergebnissen der nach § 39a Abs. 3 GWB durchzuführenden Sektoruntersuchung und den objektiv nachvollziehbaren Anhaltspunkten, der es zum Erlass einer Verfügung nach Abs. 1 Nr. 2 bedarf, bestehen. Nur wenn eine Sektoruntersuchung wettbewerbliche Bedenken offenbart, können objektiv nachvollziehbare Anhaltspunkte für eine erhebliche Behinderung wirksamen Wettbewerbs bestehen. Dass die Gesetzesbegründung insoweit gegenteilige Aussagen enthält, ist unschädlich, da es sich bei der Gesetzesbegründung nur um eine Auslegungshilfe handelt.

Gegenüber dem Referentenentwurf wurde der Erlass einer Verfügung nach § 39a Abs. 1 GWB insoweit an strengere Voraussetzungen geknüpft, als dies die Möglichkeit einer *erheblichen Behinderung wirksamen* Wettbewerbs voraussetzt. Die Entstehungsgeschichte der Norm sowie die sich aus der Gesetzesbegründung ergebende Intention des Gesetzgebers legen es nahe, dass § 39a Abs. 1 Nr. 2 GWB eine hohe Eingriffsschwelle setzt. Richtigerweise verlangt § 39a Abs. 1 Nr. 2 GWB daher den Nachweis konkreter Umstände, aus denen sich Hinweise auf eine mögliche erhebliche Wettbewerbsbehinderung auf einem konkreten Markt ergeben. § 39a Abs. 1 Nr. 2 GWB ist systematisch im Zusammenhang mit § 36 Abs. 1 GWB und teleologisch dahin auszulegen, dass die Voraussetzungen der Nr. 2 nur erfüllt sind, wenn ein konkreter Anfangsverdacht mit Blick auf eine erhebliche Behinderung wirksamen Wettbewerbs durch künftige Zusammenschlüsse auf einem konkreten Markt nachgewiesen werden kann.

Das Wort *„könnte"* im Sinne des Nr. 2 GWB ist nicht als bloße Möglichkeit, sondern als „Wahrscheinlichkeit" einer erheblichen Behinderung wirksamen Wettbewerbs auszulegen. Die diese Wahrscheinlichkeit begründenden Umstände müssen sich aus der nach § 39a Abs. 3 GWB notwendigen Sektoruntersuchung ergeben.

3. Die Anwendungsvoraussetzungen von § 39a Abs. 1 Nr. 3 GWB

§ 39a Abs. 1 Nr. 3 GWB normiert, dass das Bundeskartellamt eine Verfügung nach Abs. 1 nur erlassen kann, wenn das betreffende Unternehmen *„in den genannten Wirtschaftszweigen einen Anteil von mindestens 15 % am*

Angebot oder an der Nachfrage von Waren oder Dienstleistungen in Deutschland hat". Nach der Gesetzesbegründung beziehen sich der in Abs. 1 Nr. 3 genannte Anteil von 15 % explizit nicht auf einen Marktanteil im traditionell kartellrechtlich-ökonomischen Sinne, sondern auf den Anteil an jeglichen für den Wirtschaftszweig prägenden Waren und Dienstleistungen. Die zur Bestimmung der Marktanteile entwickelten ökonomischen Kriterien können nicht herangezogen werden.

Da die für die Marktanteilsberechnung geltenden, kartellrechtlichen Grundsätze nicht herangezogen werden können, sind grundsätzlich alle auf den betreffenden Wirtschaftszweig entfallenden Mengen zu berücksichtigen. Nach der Gesetzesbegründung ist der Anteil an *„jeglichen"* für den Wirtschaftszweig prägenden Waren und Dienstleistungen maßgeblich. *„Jegliche"* einen Wirtschaftszweig prägenden Waren und Dienstleistungen müssen auch solche sein, die z.B. konzernintern verkauft oder durch kommunale Unternehmen erbracht werden (*„captive use"*). Hierfür spricht nicht zuletzt die Behördenpraxis im Vereinigten Königreich, wo mit dem sog. *share of supply*-Test ein Instrument existiert, bei dem zur Klärung der Anmeldepflicht eines Zusammenschlusses auf den Liefer-/Nachfrageanteil (*„share of supply"*) abgestellt wird. Auch dort werden *captive use*-Mengen bei der Bewertung berücksichtigt.

4. Weitere Anwendungsvoraussetzung: Sektoruntersuchung nach § 39a Abs. 3 GWB

Der Erlass einer Verfügung nach § 39a Abs. 1 GWB setzt weiter voraus, dass das Bundeskartellamt *„auf einem der betroffenen Wirtschaftszweige"* zuvor eine Untersuchung nach § 32e GWB, d.h. eine Sektoruntersuchung, durchgeführt hat, § 39a Abs. 3 GWB.

Nach § 32e GWB hat das Bundeskartellamt die Befugnis, bestimmte Wirtschaftszweige zu untersuchen. Obgleich dem Bundeskartellamt bei der Einleitung einer Sektoruntersuchung ein weites Aufgreifermessen zusteht, ist eine Sektoruntersuchung nur zulässig, wenn der Anfangsverdacht einer Einschränkung oder Verfälschung inländischen Wettbewerbs besteht. Eine Sektoruntersuchung ins Blaue hinein ist ebenso wenig zulässig wie eine auf das allgemeine Interesse an einer umfassenden Branchenkenntnis gestützte Untersuchung.

Die Einleitung einer Sektoruntersuchung ist nicht justiziabel. Dasselbe gilt grundsätzlich für den Abschlussbericht zu einer Sektoruntersuchung. Rechtsschutz kann jedoch gegen Ermittlungsmaßnahmen des Bundeskartellamts im Rahmen einer Sektoruntersuchung gesucht werden. Gegen förmliche Auskunftsbeschlüsse ist die Beschwerde sowie ein Antrag auf Anordnung der aufschiebenden Wirkung statthaft.

Um als Anknüpfungspunkt für eine Verfügung nach § 39a GWB dienen zu können, muss die betreffende Sektoruntersuchung ausweislich der Gesetzesbegründung im zeitlichen Zusammenhang mit der Verfügung abgeschlossen worden sein. Anhaltspunkte für das Bestehen eines hinreichenden zeitlichen Zusammenhangs bietet zunächst der im Rahmen der materiellen Fusionskontrolle geltende Prognosezeitraum von drei bis (in Ausnahmefällen) fünf Jahren. Da die Gesetzesbegründung zur Begründung des Erfordernisses eines zeitlichen Zusammenhangs auf sich ändernde Marktverhältnisse abstellt, wäre es widersprüchlich, im Rahmen des § 39a Abs. 3 GWB einen anderen Maßstab anzulegen als im Rahmen der materiellen Bewertung nach § 36 Abs. 1 GWB.

Dafür, dass ein zeitlicher Zusammenhang nicht mehr besteht, wenn der Abschluss einer Sektoruntersuchung mehr als drei Jahre zurückliegt, spricht auch die dreijährige Geltungsdauer einer Verfügung nach § 39a GWB. Damit können richtigerweise nur Sektoruntersuchungen, die weniger als drei Jahre vor Erlass der Verfügung abgeschlossen wurden, tauglicher Anknüpfungspunkt für eine Verfügung nach § 39a Abs. 1 GWB sein.

Gegen Sektoruntersuchungen, deren Einleitung im Zeitpunkt des Abschlusses mehr als drei Jahre zurückliegt, kann eingewandt werden, dass diese mangels zeitlichen Zusammenhangs nicht als Anknüpfungspunkt dienen können: In solchen Fällen sind jedenfalls Teile der Daten nicht mehr aktuell genug, um als Grundlage für die Prüfung anzumeldender Zusammenschlüsse herangezogen werden zu können. Wo genau in diesen Fällen die zeitliche Grenze zu ziehen ist, lässt sich nicht pauschal bestimmen, sondern wird von den Umständen des Einzelfalls (insbesondere von den untersuchten Wirtschaftszweigen bzw. Märkten und der jeweiligen Dynamik dieser Wirtschaftszweige bzw. Märkte) abhängen. Insgesamt spricht einiges dafür, dass zwischen der Einleitung einer Sektoruntersuchung und dem Erlass einer auf diese Sektoruntersuchung gestützten Verfügung nach § 39a GWB nicht mehr als fünf Jahre liegen dürfen.

Neben dem Erfordernis eines zeitlichen Zusammenhangs zwischen Sektoruntersuchung und einer Verfügung nach § 39a GWB setzt der Erlass einer Verfügung nach § 39a Abs. 1 GWB voraus, dass ein sachlicher Zusammenhang zwischen den in einer § 39a GWB-Verfügung genannten Wirtschaftszeigen und der als Anknüpfungspunkt dienenden Sektoruntersuchung besteht. Dies ergibt sich zwar nicht explizit aus dem Gesetzeswortlaut. Wenn aber schon eine Sektoruntersuchung in demselben

Wirtschaftszweig, für den die Anmeldepflicht verfügt wird, aufgrund mangelnden zeitlichen Zusammenhangs mit der Verfügung nach § 39a Abs. 1 GWB als Anknüpfungspunkt für eine solche Verfügung ausscheidet, muss dies erst recht mit Blick auf völlig andere Wirtschaftszweige gelten. Denn insoweit besteht nicht nur kein zeitlicher Zusammenhang, sondern überhaupt kein Zusammenhang. § 39a Abs. 3 GWB ist mithin dahin auszulegen, dass nur solche Sektoruntersuchungen als Anknüpfungspunkt in Betracht kommen, die in engem zeitlichen und sachlichen Zusammenhang mit den in der Verfügung nach § 39a Abs. 1 GWB genannten Wirtschaftszweigen stehen.

Darüber hinaus ist § 39a Abs. 3 GWB so zu verstehen, dass nur solche Sektoruntersuchungen, die wettbewerbliche Bedenken offenbart haben, tauglicher Anknüpfungspunkt für eine Verfügung nach § 39a Abs. 1 GWB sein können. Hierfür spricht, dass § 39a GWB geschaffen wurde, um der Entstehung einer marktbeherrschenden Stellung quasi unter dem Radar des Bundeskartellamts entgegenzuwirken. Ergäbe eine Sektoruntersuchung keinerlei Anhaltspunkte dafür, dass die Entstehung einer marktbeherrschenden Stellung oder andere wettbewerblich bedenkliche Entwicklungen drohen, wäre das Erfordernis einer vorherigen Sektoruntersuchung sowie die Verknüpfung zwischen Anmeldeverfügung und Sektoruntersuchung ad absurdum geführt.

Im Übrigen bestünde ein Widerspruch zu § 39a Abs. 1 Nr. 2 GWB, wonach objektiv nachvollziehbare Anhaltspunkte dafür bestehen müssen, dass durch künftige Zusammenschlüsse der wirksame Wettbewerb im Inland in den genannten Wirtschaftszweigen erheblich behindert werden kann: Würde eine Sektoruntersuchung keine solchen Anhaltspunkte ergeben, wäre unklar, wie die Voraussetzungen des § 39a Abs. 1 Nr. 2 GWB erfüllt sein könnten.

5. Ermessensentscheidung des Bundeskartellamts und Inhalt der
   Verfügung nach § 39a GWB

Liegen die Voraussetzungen des § 39a Abs. 1 Nr. 1–3 und Abs. 3 GBW vor, „*kann*" das Bundeskartellamt eine Verfügung nach § 39a Abs. 1 GWB erlassen. Dem Bundeskartellamt steht mithin ein Ermessensspielraum zu. Ermessensentscheidungen sind gerichtlich nur daraufhin überprüfbar, ob der zuständige Hoheitsträger das Ermessen ordnungsgemäß ausgeübt hat. Sollte sich herausstellen, dass das Ermessen fehlerhaft ausgeübt wurde –

sich das Bundeskartellamt also z.B. von sachfremden Erwägungen leiten lassen hat –, wäre die betreffende Verfügung rechtswidrig.

III. Auswirkung einer Verfügung nach § 39a GWB auf künftige Zusammenschlussvorhaben

Erlässt das Bundeskartellamt eine Verfügung nach § 39a Abs. 1 GWB, erstreckt sich die Anmeldepflicht in den in der Verfügung genannten Wirtschaftszweigen ab Zustellung der Verfügung auf Zusammenschlüsse, bei denen das zu erwerbende Unternehmen im letzten Geschäftsjahr Umsatzerlöse von mehr als EUR 2 Mio. und mehr als zwei Drittel seiner Umsatzerlöse im Inland erzielt hat. Nach Ablauf von drei Jahren erlischt die Verpflichtung.

Nach dem Wortlaut des Gesetzes gilt die Anmeldepflicht für Zusammenschlüsse *„in einem oder mehreren bestimmten [in der Verfügung genannten] Wirtschaftszweigen"*. Diese Formulierung wirft die Frage auf, welchen Umfang die Anmeldepflicht auf Basis einer § 39a GWB-Verfügung hat, wenn ein Zusammenschluss mehrere Wirtschaftszweige betrifft, von denen mindestens einer nicht in der Anmeldeverfügung genannt ist. Praktikabilitätserwägungen sprechen dafür, § 39a GWB und die auf dieser Basis erlassenen Verfügungen dahin auszulegen, dass ein Zusammenschluss in seiner Gesamtheit angemeldet werden muss, sobald einer der vom Zusammenschluss betroffenen Märkte zu einem in der Verfügung genannten Wirtschaftszweig gehört.

Hieran schließt sich die Frage an, inwieweit das Bundeskartellamt eine Prüfungs-/Untersagungskompetenz mit Blick auf Märkte hat, die keinem der in der Anmeldeverfügung genannten Wirtschaftszweige angehören. Während das Gesetz hierzu schweigt, erfordern sowohl die Gesetzessystematik, verfassungsrechtliche Erwägungen als auch der objektive Zweck des § 39a GWB eine einschränkende Auslegung. Das Gesetz verknüpft Sektoruntersuchung, Anhaltspunkte für wettbewerbliche Bedenken und Anmeldeverfügung miteinander. Diese Verknüpfung und die dadurch aufgestellten strengen Anforderungen an den Erlass einer Verfügung nach § 39a GWB würde aufgehoben, hätte das Bundeskartellamt eine unbegrenzte, umfassende Prüfungskompetenz.

Eine Ausdehnung der Prüfungskompetenz über die in einer Anmeldeverfügung bezeichneten Wirtschaftszweige hinaus wäre zudem eine vom Gesetzeszweck nicht mehr gedeckte Überdehnung des mit der Schaffung des § 39a GWB verfolgten Ziels, dem Bundeskartellamt ein Tätigwerden zu ermöglichen, bevor in bestimmten Märkten eine marktbeherrschende Stellung großer Unternehmen entsteht. Aus alledem folgt, dass für Zusammenschlüsse, die aufgrund einer Verfügung nach § 39a GWB angemeldet werden, die Regelung des § 36 GWB teleologisch dahin zu reduzieren ist, dass die materielle Prüfungskompetenz des Bundeskartellamts auf diejenigen Märkte beschränkt ist, die zu den in der Anmeldeverfügung genannten Wirtschaftszweigen gehören. Eine solche einschränkende Auslegung ist auch verfassungsrechtlich geboten.

Soweit die Prüfungskompetenz des Bundeskartellamts reicht, gelten bei der materiellen Beurteilung eines Zusammenschlusses, der aufgrund von § 39a GWB der Anmeldepflicht unterliegt, keine Besonderheiten gegenüber der Prüfung von nach § 35 GWB anmeldepflichtigen Zusammenschlüssen.

IV. Rechtsschutz gegen eine Verfügung nach § 39a GWB

Gegen eine Verfügung nach § 39a GWB ist die Beschwerde statthaft, über die das OLG Düsseldorf zu entscheiden hätte. Im Falle einer abweisenden Entscheidung bestünde die Möglichkeit, Rechts- bzw. Nichtzulassungsbeschwerde einzulegen. Über beide hätte der BGH zu entscheiden. Die Beschwerde gegen eine Verfügung nach § 39a GWB hat keine aufschiebende Wirkung. Aus diesem Grund kann zur Abwendung der mit Zustellung der Verfügung geltenden Anmeldepflicht ein Antrag auf Anordnung der aufschiebenden Wirkung erwogen werden.

Gelangt das OLG Düsseldorf bzw. ggf. der BGH zu dem Ergebnis, dass die angefochtene Anmeldeverfügung rechtswidrig ist, wird die Verfügung mit rückwirkender Wirkung aufgehoben. Ist die angefochtene Verfügung teilbar und beschränkt sich die Rechtswidrigkeit auf einen abtrennbaren Teil der Verfügung, kommt aus Gründen der Verhältnismäßigkeit regelmäßig nur eine teilweise Aufhebung der kartellbehördlichen Entscheidung infrage.

Denkbar ist eine solche Teilaufhebung im vorliegenden Fall mit Blick auf mehrere in einer Verfügung nach § 39a GWB genannten Wirtschaftszweige: Kommt das Beschwerdegericht z.B. zu dem Ergebnis, dass der Liefer-/Nachfrageanteil des von der Verfügung adressierten Unternehmens auf einem betreffenden Wirtschaftszweig unter 15 % liegt, ist eine Teilaufhebung bezüglich des fälschlicherweise genannten Wirtschaftszweigs denkbar.

Welche Folgen eine (Teil-)Aufhebung der Verfügung auf angemeldete Zusammenschlussvorhaben hat, hängt maßgeblich vom Verfahrensstadium bzw. dem Ausgang des Fusionskontrollverfahrens ab: Bei laufenden Verfahren führt die Aufhebung einer § 39a GWB-Verfügung etwa zum Wegfall der Anmeldepflicht. Die Anmeldung kann zurückgenommen und der Zusammenschluss vollzogen werden, ohne dass es einer (Freigabe-)Entscheidung des Bundeskartellamts bedarf. Hat das Bundeskartellamt einen Zusammenschluss, der auf Basis einer § 39a GWB-Verfügung angemeldet wurde, untersagt bzw. mit Nebenbestimmungen freigegeben, führt die Aufhebung der Verfügung nach § 39a GWB nicht automatisch zur Freigabe des Zusammenschlusses bzw. zum Wegfall der Nebenbestimmungen und des Vollzugsverbots.

Erst nachdem die betreffende Untersagung bzw. die relevanten Nebenbestimmungen angefochten und vom zuständige Beschwerdegericht aufgehoben sind, kann der Zusammenschluss vollzogen werden. Es bedarf keiner weiteren Entscheidung des Bundeskartellamts. Ist eine Untersagung bzw. eine Freigabe mit Nebenbestimmungen bestandskräftig, kann ein Zusammenschluss hingegen erst vollzogen werden, wenn die Untersagung bzw. die belastenden Nebenbestimmungen aufgehoben wurden. Dies ist gemäß § 48 Abs. 1 VwVfG auch nach Eintritt der Bestandskraft binnen eines Jahres nach Kenntnis der Rechtswidrigkeit der Anmeldeverfügung möglich.

Folgt das Beschwerdegericht den Argumenten des Adressaten der Verfügung nach § 39a GWB nicht und weist dessen Beschwerde vollumfänglich zurück, wird die Verfügung bestandskräftig. Danach können die Argumente nicht erneut in einem Folge-Beschwerdeverfahren erhoben und geltend gemacht werden, wenn der Adressat wegen eines in der Folge der Verfügung angemeldeten Zusammenschlussvorhabens, das das Bundeskartellamt untersagt hat, ebenfalls Beschwerde einlegt. Eine solche Beschwerde kann allein auf Aspekte des betreffenden Einzelfalles gestützt werden, nicht jedoch auf die Argumente, die bereits im Beschwerdeverfahren gegen die Verfügung nach § 39a GWB erhoben worden sind.

F. Ausblick

Die 10. GWB-Novelle ist am 19. Januar 2021 in Kraft getreten und mit ihr die Regelung des § 39a GWB. Derzeit steht der Erlass der ersten Verfügung nach § 39a GWB noch aus. Dies mag daran liegen, dass seit Inkrafttreten der Norm keine weitere Sektoruntersuchung abgeschlossen wurde (Stand: 31. Oktober 2021). Wollte man über weitere Gründe spekulieren, könnte die Auslegungsbedürftigkeit der Norm – neben dem überraschend schnell abgeschlossenen Gesetzgebungsverfahren – als Grund genannt werden. Bereits eine oberflächliche Lektüre der Norm offenbart, dass § 39a GWB den Rechtsanwender vor zahlreiche, bis dato ungeklärte Rechtsfragen stellt. Die hohen Anforderungen an eine Verfügung nach § 39a GWB, die damit einhergehenden Rechtsfragen und das damit verbundene „Konfliktpotenzial"[193]dürften dazu führen, dass Verfügungen nach § 39a GWB auf lange Sicht eher selten sein werden.[194]

Mit seinen Bemühungen, auch Zusammenschlüsse unterhalb der Aufgreifschwellen einer gezielten Überprüfung zugänglich zu machen, ist der deutsche Gesetzgeber indes nicht allein. So hat die Europäische Kommission in ihrem Leitfaden zu Art. 22 FKVO vom 31. März 2021[195] mitgeteilt, dass sie künftig auch selbst nicht zuständige Mitgliedstaaten dazu ermutigt, Verweisungsanträge zu stellen. Bislang hat die Europäische Kommission keine Verweisungsanträge von Mitgliedstaaten akzeptiert, die nicht selbst über eine Fusionskontrollzuständigkeit verfügten. Hintergrund dieses Richtungswechsels ist die Sorge der Europäischen Kommission, dass *killer acquisitions"* vor allem in den Bereichen digitale Wirtschaft, Pharma/Biotechnologie, Start-ups, etc. unter ihrem Radar erfolgen.

---

193 *Steinvorth/Gasser*, WuW 2021, 160.
194 So auch *Mundt*, WuW 2021, 418, 419 f.
195 Europäische Kommission, Leitfaden zur Anwendung des Verweisungssystems nach Artikel 22 der Fusionskontrollverordnung auf bestimmte Kategorien von Vorhaben, ABl. EU 2021 C 113/1.

G. Abstract

I. The new provision of Section 39a ARC

On January 19, 2021, the 10th amendment of the German Act against Restraints of Competition ("**ARC**") entered into force. The provision of Section 39a ARC was introduced by way of this new Act. According to this provision, the German Federal Cartel Office may order an undertaking to notify every concentration in one or several specific sectors of the economy, even if the turnover thresholds of Section 35 ARC are not met:

"Section 39a Request for Notification of Future Concentrations

(1) The Bundeskartellamt may order by formal decision that an undertaking is to notify every concentration with other undertakings in one or several specific sectors of the economy if
1. *the worldwide turnover of the undertaking concerned was more than EUR 500 million in the last business year,*
2. *there are objectively verifiable indications that future concentrations could substantially impede effective competition in Germany in the sectors of the economy specified, and*
3. *in Germany, the undertaking supplies or procures at least 15 per cent of the goods or services in the sectors of the economy specified.*

(2) The obligation to notify the Bundeskartellamt pursuant to subsection (1) shall apply only to concentrations where the undertaking to be acquired
1. *achieved a turnover of more than EUR 2 million in the last business year and*
2. *achieved more than two thirds of its turnover in Germany.*

(3) The issuance of an order pursuant to subsection (1) is conditional on the Bundeskartellamt having conducted an investigation pursuant to Section 32e into one of the sectors of the economy concerned.

(4) The obligation to notify the Bundeskartellamt pursuant to subsection (1) shall apply for a period of three years from the date on which the formal

> *decision is served. The relevant sectors of the economy shall be specified in the decision.*"[196]

The issuance of a formal decision pursuant to Section 39a ARC requires (1) that the undertaking concerned has a worldwide turnover of more than EUR 500 million, (2) that there are "*objectively verifiable*" indications that the future concentrations could "*substantially*" impede "*effective*" competition in Germany, (3) that the undertaking concerned supplied or procured at least 15 per cent of the goods or services in the sectors of the economy specified in the formal decision and (4) that the Federal Cartel Office has previously conducted an investigation pursuant to Section 32e ARC into one of the sectors of the economy concerned.

Section 39a ARC was passed by the German parliament and enacted into law – notwithstanding the constitutional concerns that have been raised during the legislative process. These constitutional concerns derive from the fact that the legislator interferes with an undertaking's constitutionally protected legal positions by subjecting a concentration to preventive *ex ante* merger control. Against this backdrop, there is strong evidence that the provision violates both the principle of statutory preemption (Article 20 (3) Basic Law for the Federal Republic of Germany) and the principle of equality before the law (Article 3 (1) Basic Law).

According to settled case law of the German Federal Constitutional Court ("*Bundesverfassungsgericht*"), in cases that might impact rights granted by the constitution or that might affect fundamental aspects of public policy, there is no room for an authority's discretion (termed "*Wesentlichkeitstheorie*"). Section 39a ARC, however, does grant the Federal Cartel Office such leeway. For this reason, Section 39a ARC violates Article 20 (3) Basic Law. Furthermore, on the basis of its discretionary powers, the Federal Cartel Office is not obliged to issue a formal decision in each case in which the requirements of Section 39a ARC are fulfilled and vis-à-vis all undertakings that are eligible. Violation of Article 3 (1) Basic Law can therefore hardly be avoided in the individual case.

---

196 Translation provided by the Language Service of the Bundeskartellamt in cooperation with Renate Tietjen (available at: https://www.gesetze-im-internet.de/en glisch_gwb/englisch_gwb.html#p0444).

II. Legal requirements for an order pursuant to Section 39a ARC

Most of the requirements under Section 39a ARC provide margin for interpretation and contain legal questions that are yet to be resolved. This is particularly true with respect to (1) the "delineation" of the relevant sectors of the economy; (2) the existence of objectively verifiable indications that future concentrations could substantially impede effective competition in Germany; (3) the calculation of the share of supply/demand in the relevant sectors of the economy; (4) the requirement to conduct a sector inquiry that is materially and temporally linked with the issuance of the respective order; and (5) the exercise of the Federal Cartel Office's discretion in the individual case.

1. Sectors of the economy

An order pursuant to Section 39a (1) ARC must refer to one or several "specific sectors of the economy". The concept of an economic sector is broader than the concept of a market in the traditional sense of competition law as it encompasses a bundle of several different markets. There are no specific economic criteria that can be applied when defining a sector of the economy. In particular, the demand-side oriented market concept used to define a relevant market does not apply.

When defining a specific sector of the economy, the Federal Cartel Office may use the Classification of Economic Activities (2008) as published by the German Statistical Office ("*Statistisches Bundesamt*") as guidance. In the sector inquiries the Federal Cartel Office has conducted to date, however, this classification has only served as a very rough guideline, at best.

2. The preconditions set out in Section 39a (1) No. 2 ARC

Section 39a (1) no. 2 ARC requires *objectively verifiable* indications that future concentrations could *substantially impede effective* competition in Germany in the sectors of the economy specified in the decision.

According to the explanatory memorandum to the 10th amendment to the ARC, objectively verifiable indications may arise in particular from a sector inquiry carried out by the Federal Cartel Office. The fact that a powerful undertaking gradually takes over small competitors or snaps up newcomers that are potentially dangerous for its market position is also named as an indication within the meaning of Section 39a (1) no. 2 ARC. The same holds true with respect to complaints from competitors, customers or consumers – these are listed as potential indications as well.

However, the list provided in the explanatory memorandum to the 10th amendment to the ARC is too extensive: Given the framework of the ARC, only such indications that result from the specific sector inquiry conducted to meet the condition set out in Section 39a (3) may qualify as "*objectively verifiable indications*". Only in cases in which a sector inquiry reveals competitive concerns can the preconditions set out in Section 39a (1) no. 2 ARC be met. The fact that the explanatory memorandum to the 10th amendment to the ARC states the contrary does not change this assessment, as it merely serves as an aid to interpretation.

As compared to the version of Section 39a ARC that was contained in the draft bill, the conditions under which an order pursuant to Section 39a (1) ARC may be issued have been intensified. Whereas under the draft bill the possibility of an impediment of competition would have sufficed, the version that was enacted into law asks for the possibility of a *significant impediment to effective* competition. The legislative history of the provision and the intention of the legislator as given in the explanatory memorandum to the Act suggest that Section 39a (1) no. 2 ARC sets a high threshold for intervention. For that reason, Section 39a (1) no. 2 ARC is to be interpreted systematically and teleologically to the effect that the requirements of no. 2 will only be met if the Federal Cartel Office can prove that there is specific reason to believe that future concentrations will lead to a significant impediment to effective competition in a specific market (arg. e Sec. 36 (1) ARC).

Thus, "*could*" within the meaning of Section 39a (1) no. 2 ARC is not to be interpreted as a mere possibility, but as the "probability" of a significant impediment to effective competition by means of future concentrations. The circumstances substantiating this probability must result from the sector inquiry required under Section 39a (3) ARC.

3. The preconditions set out in Section 39a (1) No. 3 ARC

Section 39a (1) no. 3 ARC stipulates that the Federal Cartel Office may only issue an order under subsection 1 if the respective undertaking "*supplies or procures at least 15 per cent of the goods or services in the sectors of the economy specified*". According to the explanatory memorandum to the Act, the 15 per cent share referred to in Section 39a (1) no. 3 ARC explicitly does not refer to a market share in the traditional meaning of competition law, but to the share of supply/demand with respect to any goods and services that characterize the respective economic sector. Thus, the economic criteria developed for determining market shares cannot be used to determine whether the 15 % threshold set out in Section 39a (1) no. 3 ARC is met.

Since traditional methods for calculating market shares do not apply, all goods and/or services attributable to the respective economic sector must be taken into account. According to the explanatory memorandum to the 10th amendment to the ARC, *"any"* goods and services characterizing the economic sector are decisive. *"Any"* goods and services include goods and services that are used captively, e.g. intracompany sales. This is supported not the least by the practice of the United Kingdom's competition authority CMA: When assessing whether a merger is subject to merger control in the UK, the *share of supply test* may be applied. To calculate the share of supply, the CMA takes into account quantities that are used captively.

4. Section 39a (3) ARC: sector inquiry

The issuance of an order pursuant to Section 39a (1) ARC further requires that the Federal Cartel Office has previously conducted a sector inquiry pursuant to Section 32e ARC, i.e. an investigation, *"into one of the sectors of the economy concerned"*, Section 39a (3) ARC.

Pursuant to Section 32e ARC, the Federal Cartel Office has the power to investigate certain sectors of the economy. Even though the Federal Cartel Office may initiate a sector inquiry at its discretion, it may only do so if circumstances suggest that domestic competition may be restricted or distorted. A sector inquiry carried out as a fishing expedition is just as inadmissible as an investigation based on the general interest in gaining comprehensive knowledge of the respective sector of the economy.

The initiation of a sector inquiry is not actionable. Generally, the same holds true with regard to the final report on a sector inquiry. However, judicial protection can be sought against investigative measures taken by the Federal Cartel Office in the course of a sector inquiry. It is possible to lodge an appeal against formal requests for information and ask the competent court to restore the suspensive effect of an appeal.

According to the explanatory memorandum to the 10th amendment to the ARC, there must be a temporal link between the respective sector inquiry and the formal decision pursuant to Section 39a (1) ARC. Yet, there is no definition as to when such a temporal link exists or expires. The forecasting period applicable in the context of substantive merger control (three to – in exceptional cases – five years), provides for an indication in that regard. Since the explanatory memorandum to the Act refers to changing market conditions to justify the requirement of a temporal connection, it would be contradictory to apply a different standard in the context of Section 39a (3) ARC from that in the context of the substantive assessment under Section 36 (1) ARC.

The fact that an obligation to notify a concentration for a period of three years from the date on which the formal decision was served (cf. Section 39a (4) ARC) also indicates that there is no sufficient temporal link in the event that the sector inquiry was concluded more than three years ago. Thus, only such sector inquiries that were completed less than three years before the formal decision was issued can fulfill the criteria set out in Section 39a (3) ARC.

In some cases, it takes more than three years to complete a sector inquiry. Depending on the circumstances of the individual case (in particular, it depends on the industries or markets examined and the respective dynamics of these industries or markets), such sector inquiries could be partially outdated and, thus, might not be adequate with respect to Section 39a (3) ARC due to a lack of temporal link. Overall, there are indications that no more than five years may elapse between the initiation of a sector inquiry and the date on which a formal decision is issued pursuant to Section 39a ARC which is linked to the respective sector inquiry.

In addition to the requirement of a temporal link between the sector inquiry and an order pursuant to Section 39a ARC, there must be a factual link between the respective sector inquiry and the order. Neither the wording of the provision nor the explanatory memorandum to the 10th amendment to the ARC explicitly provide for such a requirement. However, the system of the law provides for such an interpretation. If an investigation into the sector of the economy targeted by a formal decision under Section 39a ARC fails to qualify as an adequate sector inquiry due to the lack of a temporal link, this must – a fortiori – hold true for investigations into sectors of the economy that are not linked to the decision at all. For there is not only no temporal connection, but no connection at all. Section 39a (3) ARC must therefore be interpreted to the effect that only such sector investigations that have a close temporal *and* factual link with the sectors of the economy specified in the formal decision are adequate.

In addition, Section 39a (3) ARC is to be interpreted to only encompass sector inquiries as adequate that have revealed competitive concerns. This is supported by the fact that Section 39a ARC was created to counteract the development of an undertaking's dominant position below the Federal Cartel Office's radar. If a sector inquiry did not reveal any competitive concerns, specifically no indications for the imminent creation of a dominant position, the requirement for a prior sector inquiry and the necessity of a link between the formal decision and the sector inquiry would be reduced to absurdity. Moreover, this would contradict Section 39a (1) No. 2 ARC, according to which there must be objectively verifiable indications that future concentrations could substantially impede effective competition in Germany in the sectors of the economy specified. If a sector inquiry does not reveal such indications, it would be questionable how the requirements of Section 39a (1) No. 2 ARC could be met.

5. Formal decision pursuant Section 39a (1) ARC

If the requirements of Section 39a (1) nos. 1–3 and (3) ARC are met, the Federal Cartel Office "*may*" issue an order pursuant to Section 39a (1) ARC. Thus, the Federal Cartel Office has discretionary powers. Decisions that are a matter of discretion are only subject to judicial review as to whether the competent authority has properly exercised its discretionary powers. Only if the discretionary power was exercised incorrectly – e.g. if the Federal Cartel Office allowed itself to be guided by irrelevant considerations – would the respective decision be unlawful.

III. Effect of an order pursuant to Section 39a ARC on future concentrations

If the Federal Cartel Office issues a formal decision pursuant to Section 39a (1) ARC, the obligation to notify any concentration in the sectors of the economy specified in the order will apply for a period of three years from the date on which the formal decision is served. However, it will only apply to concentrations in which the target undertaking achieved a turnover of more than EUR 2 million and more than two thirds of its turnover in Germany in the last financial year.

The notification obligation under Section 39a ARC applies to mergers "*in one or several specific sectors of the economy [which are mentioned in the formal decision]*". With respect to concentrations involving several sectors of the economy, situations may arise in which not all markets concerned by the concentration are covered by the economic sectors listed in the formal decision. Section 39a ARC does not explicitly state whether the obligation to notify a concentrations extends to markets belonging to sectors that are not included in the formal decision. Reasons of practicality and legal certainty argue in favor of interpreting Section 39a ARC broadly to the extent that any concentration that (in part) falls within the framework of a formal decision pursuant to Section 39a ARC must be notified in its entirety.

Interpreting Section 39a ARC to the extent that concentrations must be notified in their entirety even if certain aspects are formally not covered by the respective order raises the question of how far the Federal Cartel Office's power to investigate and, ultimately, prohibit a concentration will go. While Section 39a ARC does not address this issue, the statutory framework, constitutional considerations and the objective purpose of Section 39a ARC require a restrictive interpretation: Section 39a ARC establishes a connection between sector inquiry, indications for competitive concerns and the formal decision. This connection and the strict legal standard it imposes on the issuance of an order pursuant to Section 39a ARC would be rescinded if the Federal Cartel Office had the power to comprehensively examine and prohibit a concentration.

Moreover, extending the Federal Cartel Office's power to examine and prohibit a concentration beyond the sectors of the economy specified in the formal decision would significantly exceed the objective pursued with the creation of Section 39a ARC (which is to enable the Federal Cartel Office to take action before a dominant position arises in certain markets/sectors of the economy). Thus, such an extensive interpretation would no longer be covered by the purpose of the law. In light of the foregoing considerations, concentrations notified due to an order pursuant to Section 39a ARC may only be subject to the Federal Cartel Office's investigation as far as markets covered by the formal decision are concerned. Hence, Section 36 ARC is to be interpreted to the effect that the Federal Cartel Office's competence to substantively examine (and, thus, prohibit) a concentration is limited to those markets that belong to the economic sectors explicitly listed in the formal decision. Constitutional considerations require such a restrictive interpretation as well.

Insofar as the Federal Cartel Office has the competence to examine a concentration, the usual standards apply for substantively assessing a concentration that is subject to merger control, notwithstanding the question whether the concentration is notifiable under Section 39a or under Section 35 ARC.

IV. Judicial relief against a formal decision pursuant to Section 39a ARC

A formal decision pursuant to Section 39a ARC may be appealed at the Higher Regional Court of Düsseldorf. Should the Higher Regional Court grant leave to appeal, the Higher Regional Court of Düsseldorf's decision may be appealed on points of law. Should the Higher Regional Court of Düsseldorf refuse to grant leave to appeal, this may be challenged by the parties by way of an appeal against refusal to grant leave to appeal. Either way, it would be up to the Federal Court of Justice to decide on the appeal.

An appeal against a formal decision pursuant to Section 39a ARC does not have suspensive effect. To avoid having to notify every concentration caught by the formal decision pursuant to Section 39a ARC once the decision has been served, the addressee of said decision may apply for a restoration of the suspensive effect of the appeal.

If the Higher Regional Court of Düsseldorf or, if applicable, the Federal Court of Justice decides that the contested decision is unlawful, the decision will be revoked retroactively. If the contested decision is divisible and the unlawfulness is limited to a certain part of the decision, the decision may be partially revoked. Such a partial revocation would be possible, e.g., with respect to decisions pursuant to Section 39a ARC that cover several sectors of the economy. If, for example, the court of appeal concludes that the addressed undertaking's share of supply/demand share remains below 15 % in one of the relevant economic sectors, a partial revocation with regard to the respective sector of the economy would be plausible.

The consequences of a (partial) revocation of a formal decision pursuant to Section 39a ARC largely depend on the stage or the outcome of the relevant merger control proceedings that resulted from the (unlawful) decision. In the case of ongoing proceedings, revoking a decision pursuant to Section 39a ARC leads to the lapse of the obligation to notify the respective concentration. Thus, the notification may be withdrawn and the concentration can be implemented without having to obtain a (clearance) decision by the Federal Cartel Office.

If a concentration that was notified only due to a formal decision pursuant to Section 39a ARC is prohibited or cleared subject to conditions, the revocation of the decision pursuant to Section 39a ARC does not automatically lead to the (unconditional) clearance of the respective concentration and the lapse of the prohibition to implement a concentration. Only after the relevant decision by the Federal Cartel Office has been challenged and revoked by the competent court can the concentration be implemented. In this case, no further (clearance) decision by the Federal Cartel Office is required.

If a prohibition or a conditional clearance has become final, the respective concentration can only be implemented once the prohibition or the conditions have been lifted. Under German administrative law, final decisions may be revoked within a one-year period, starting on the date of obtaining knowledge of the unlawfulness of the respective decision.

In the event that the court of appeal does not follow the arguments of the decision's addressee and rejects the appeal in its entirety, the formal decision pursuant to Section 39a ARC will become final. Thereafter, in subsequent appeal proceedings against a prohibition of a merger the addressee has only notified due to a formal decision pursuant to Section 39a ARC, the respective arguments cannot be raised again. Such an appeal may only be based on aspects specific to the individual case in question.

V. Conclusion

As of 31 October 2021, the first formal decision pursuant to Section 39a ARC has yet to be issued. This may be due to the fact that, to date, no sector inquiry has been completed since Section 39a ARC was enacted. Another possible explanation could be derived from the fact that Section 39a ARC contains a number of legal concepts that leave room for interpretation and which have yet to be defined. Given that the legislator established strict legal requirements for the issuance of a formal decision pursuant to Section 39a ARC, such formal decisions will likely remain a rather rare instance.

In its efforts to enable competition authorities to review concentrations that do not meet traditional merger control thresholds, the German legislator is not the only one. In its guidance on Art. 22 ECMR of March 31, 2021, the European Commission recently announced that it will now encourage Member States that are not competent to review a merger themselves, to refer cases to the European Commission. Up until then, the European Commission discouraged referral requests from Member States that did not have original jurisdiction over the concentration at stake. Against the backdrop of recent developments, especially with regard to "killer acquisitions" that the European Commission could not review due to a lack of jurisdiction, the European Commission has changed its practice.

H. Anhang

I. Auszug aus dem Referentenentwurf des Bundesministeriums für Wirtschaft und Energie (Bearbeitungsstand: 24. Januar 2020, 9:32 Uhr)[197]

[...]

16. Nach § 39 wird folgender neuer § 39a eingefügt:

„§ 39a
Aufforderung zur Anmeldung künftiger Zusammenschlüsse

(1) Das Bundeskartellamt kann ein Unternehmen durch Verfügung auffordern, jeden Zusammenschluss des Unternehmens mit anderen Unternehmen in einem oder mehreren bestimmten Wirtschaftszweigen anzumelden, wenn
1. das Unternehmen im letzten Geschäftsjahr weltweit Umsatzerlöse von mehr als 250 Millionen Euro erzielt hat und
2. Anhaltspunkte dafür bestehen, dass durch künftige Zusammenschlüsse der Wettbewerb im Inland in den genannten Wirtschaftszweigen eingeschränkt werden kann.
(2) Die Anmeldepflicht nach Absatz 1 gilt nur für Zusammenschlüsse bei denen
1. das zu erwerbende Unternehmen im letzten abgeschlossenen Geschäftsjahr Umsatzerlöse von mehr als 2 Millionen Euro erzielt hat und
2. mehr als zwei Drittel seiner Umsatzerlöse im Inland erzielt hat.
(3) Die Anmeldepflicht nach Absatz 1 gilt für drei Jahre ab Bestandskraft der Entscheidung. In der Aufforderung sind die relevanten Wirtschaftszweige anzugeben

[...]

---

197 Referentenentwurf des Bundesministeriums für Wirtschaft und Energie, Bearbeitungsstand: 24.1.2020, abrufbar unter: https://www.bmwi.de/Redaktion/DE/Downloads/G/gwb-digitalisierungsgesetz-referentenentwurf.pdf?__blob=publicationFile&v=10.

Zu Nummer 16

In der Praxis treten Entwicklungen auf, bei denen Unternehmen fusionskontrollfrei eine flächendeckende Marktkonzentration durch sukzessive Erwerbsvorgänge aufbauen.

Mit der 8. GWB-Novelle wurde eine Zusammenrechnungsklausel für schrittweise Erwerbsvorgänge (§ 38 Absatz 5 Satz 3) neu eingeführt. Zwei oder mehr Teilerwerbe, die innerhalb von zwei Jahren zwischen denselben Personen oder Unternehmen getätigt werden, werden als ein einziger Zusammenschluss behandelt, wenn dadurch erstmals die Umsatzschwellen des § 35 erreicht werden.

Problematisch sind jedoch darüber hinaus Fälle, in denen ein Unternehmen mehrere Erwerbsvorgänge auf den gleichen sachlich relevanten Märkten durchführt und bei denen auf Veräußererseite unterschiedliche Personen oder Unternehmen stehen. Handelt es sich um voneinander unabhängige Zusammenschlüsse, so kann etwa die zweite Inlandsumsatzschwelle mehrfach in Anspruch genommen werden. Dies gilt auch bei Zusammenschlüssen auf demselben sachlichen und räumlichen Markt in einem engen zeitlichen Zusammenhang. Insbesondere auf Regionalmärkten kann es hierbei zu wettbewerblich problematischen Konzentrationen kommen, die der Fusionskontrolle derzeit gänzlich entzogen sind, wenn der Umsatz der Zielgesellschaften die zweite Inlandsumsatzschwelle unterschreitet. Gleichwohl sind diese Entwicklungen – trotz der geringen Umsätze der Zielgesellschaften – gesamtwirtschaftlich nicht zwingend unbedeutend. Größere Unternehmen oder Konzerne können sich durch diese Erwerbsstrategien in Regionalmärkten eine Vormachtstellung zu Lasten mittelständischer Unternehmen erkaufen.

Mit dem neuen § 39a Absatz 1 wird ein Aufgreifinstrument eingeführt, das dem Bundeskartellamt ein Tätigwerden ermöglicht, bevor in bestimmten Märkten eine marktbeherrschende Stellung großer Unternehmen entsteht. Das Bundeskartellamt kann danach Unternehmen auffordern auch solche Zusammenschlüsse anzumelden, bei denen das zu erwerbende Unternehmen Umsätze unterhalb der geltenden Inlandsumsatzschwellen aufweist. Die erweiterte Anmeldepflicht bezieht sich auf konkrete, vom Bundeskartellamt zu benennende Wirtschaftszweige. Bei der Konkretisierung der Wirtschaftszweige kann das Bundeskartellamt auf die Gliederung der Klassifikation der Wirtschaftszweige des Statistischen Bundesamtes zurückgreifen (WZ 2008). Die Aufforderung des Bundeskartellamtes ist als Verwaltungsakt gerichtlich überprüfbar. Im Hinblick darauf, welche Unternehmen aufgefordert werden, steht dem Bundeskartellamt ein Ermessen zu.

Es können nur solche Unternehmen zur Anmeldung künftiger Zusammenschlüsse aufgefordert werden, die im letzten Geschäftsjahr einen Umsatz von weltweit 250 Millionen Euro erzielt haben. Der Betrag bezieht sich auf den Umsatz des Erwerbers und nicht auf den Gesamtumsatz aller beteiligten Unternehmen. Mit dieser Wertgrenze wird es ermöglicht, auch Fusionen solcher Unternehmen zu kontrollieren, die zwar nur eine mittlere Größe erreichen, aber dennoch auf ihren Märkten eine beherrschende Stellung innehaben.

Diese Wertgrenze setzt voraus, dass Anhaltspunkte dafür bestehen, dass weitere Zusammenschlüsse in einem bestimmten Wirtschaftszweig den Wettbewerb erheblich behindern können. Anhaltspunkte können sich beispielsweise aus einer Sektoruntersuchung des Bundeskartellamtes nach § 32e ergeben. Ferner können sich Anhaltspunkte daraus ergeben, dass ein bereits marktmächtiges Unternehmen schrittweise kleine Wettbewerber übernimmt oder ein Unternehmen in einem bestimmten Wirtschaftsbereich oder einem bereits konzentrierten Markt die für seine Marktposition potentiell gefährlichen Newcomer aufkauft. Auch Beschwerden von Wettbewerbern oder Kunden und Verbrauchern können Anhaltspunkte sein.

Mit Absatz 2 werden Zusammenschlüsse ausgenommen, bei denen der Umsatz der Zielgesellschaft äußerst gering ist. Ferner sind Erwerbe von Unternehmen ausgenommen, die zu mehr als einem Drittel im Ausland tätig sind.

Aus Gründen der Rechtssicherheit und mit Blick auf die Verhältnismäßigkeit wird die Anmeldepflicht mit Absatz 3 Satz 1 auf drei Jahre beschränkt. Die Pflicht zur Anmeldung künftiger Zusammenschlüsse nach § 39a kann erneuert werden, wenn weiterhin Anhaltspunkte dafür bestehen, dass künftige Zusammenschlüsse des Unternehmens den Wettbewerb einschränken können. Ein kürzerer Zeitraum könnte den Regelungszweck nicht hinreichend sicherstellen. Bestehen weiter Anhaltspunkte für wettbewerblich problematische Auswirkungen künftiger Zusammenschlüsse, kann die Aufforderung gemäß Absatz 3 Satz 2 erneuert werden. Die Anmeldepflicht gilt nur für solche Zusammenschlüsse, bei denen das zu erwerbende Unternehmen in einem Wirtschaftszweig tätig ist, der in der Entscheidung des Bundeskartellamtes genannt ist.

In der Regel kann mit dem bestehenden System der Fusionskontrolle die überwiegende Zahl an Fällen erfasst werden, bei denen wettbewerblich problematische Zusammenschlüsse auftreten. Der Regelung des § 39a kommt insoweit nur eine ergänzende Funktion für bestimmte Wirtschaftszweige zu. Daher ist davon auszugehen, dass die Regelung jährlich nur auf circa ein bis drei Unternehmen angewandt wird.

[...]

II. *Auszug aus dem Gesetzentwurf der Bundesregierung, BT-Drs. 19/23492 (19. Oktober 2020)*

[...]

16. Nach § 39 wird folgender § 39a eingefügt:

„§ 39a
Aufforderung zur Anmeldung künftiger Zusammenschlüsse

(1) Das Bundeskartellamt kann ein Unternehmen durch Verfügung <u>verpflichten</u>, jeden Zusammenschluss des Unternehmens mit anderen Unternehmen in einem oder mehreren bestimmten Wirtschaftszweigen anzumelden, wenn
    1. das Unternehmen im letzten Geschäftsjahr weltweit Umsatzerlöse von mehr als 500 Millionen Euro erzielt hat,
    2. objektiv nachvollziehbare Anhaltspunkte dafür bestehen, dass durch künftige Zusammenschlüsse der wirksame Wettbewerb im Inland in den genannten Wirtschaftszweigen erheblich behindert werden könnte und
    3. das Unternehmen in den genannten Wirtschaftszweigen einen Anteil von mindestens 15 Prozent am Angebot oder an der Nachfrage von Waren oder Dienstleistungen in Deutschland hat.
(2) Die Anmeldepflicht nach Absatz 1 gilt nur für Zusammenschlüsse bei denen
    1. das zu erwerbende Unternehmen im letzten Geschäftsjahr Umsatzerlöse von mehr als 2 Millionen Euro erzielt hat und
    2. mehr als zwei Drittel seiner Umsatzerlöse im Inland erzielt hat.
(3) Eine Verfügung nach Absatz 1 setzt voraus, dass das Bundeskartellamt auf einem der betroffenen Wirtschaftszweige zuvor eine Untersuchung nach § 32e durchgeführt hat.
(4) Die Anmeldepflicht nach Absatz 1 gilt für drei Jahre ab Zustellung der Entscheidung. In der Verfügung sind die relevanten Wirtschaftszweige anzugeben."

[...]

Zu Nummer 16

In der Praxis treten Entwicklungen auf, bei denen Unternehmen fusionskontrollfrei eine flächendeckende Marktkonzentration durch sukzessive Erwerbsvorgänge aufbauen.

Mit der 8. GWB-Novelle wurde eine Zusammenrechnungsklausel für schrittweise Erwerbsvorgänge (§ 38 Absatz 5 Satz 3) neu eingeführt. Zwei oder mehr Teilerwerbe, die innerhalb von zwei Jahren zwischen denselben Personen oder Unternehmen getätigt werden, werden als ein einziger Zusammenschluss behandelt, wenn dadurch erstmals die Umsatzschwellen des § 35 erreicht werden.

Problematisch sind jedoch darüber hinaus Fälle, in denen ein Unternehmen mehrere Erwerbsvorgänge auf den gleichen sachlich relevanten Märkten durchführt und bei denen auf Veräußererseite unterschiedliche Personen oder Unternehmen stehen. Handelt es sich um voneinander unabhängige Zusammenschlüsse, so kann etwa die zweite Inlandsumsatzschwelle mehrfach in Anspruch genommen werden. Dies gilt auch bei Zusammenschlüssen auf demselben sachlichen und räumlichen Markt in einem engen zeitlichen Zusammenhang. Insbesondere auf Regionalmärkten kann es hierbei zu wettbewerblich problematischen Konzentrationen kommen, die der Fusionskontrolle derzeit gänzlich entzogen sind, wenn der Umsatz der Zielgesellschaften die zweite Inlandsumsatzschwelle unterschreitet. Gleichwohl sind diese Entwicklungen – trotz der geringen Umsätze der Zielgesellschaften – gesamtwirtschaftlich nicht zwingend unbedeutend. Größere Unternehmen oder Konzerne können sich durch diese Erwerbsstrategien in Regionalmärkten eine Vormachtstellung zu Lasten mittelständischer Unternehmen erkaufen.

Mit dem neuen § 39a Absatz 1 wird ein Aufgreifinstrument eingeführt, das dem Bundeskartellamt ein Tätigwerden ermöglicht, bevor in bestimmten Märkten eine marktbeherrschende Stellung großer Unternehmen entsteht. Das Bundeskartellamt kann danach Unternehmen auffordern auch solche Zusammenschlüsse anzumelden, bei denen das zu erwerbende Unternehmen Umsätze unterhalb der geltenden Inlandsumsatzschwellen aufweist. Die erweiterte Anmeldepflicht bezieht sich auf konkrete, vom Bundeskartellamt zu benennende Wirtschaftszweige. Bei der Konkretisierung der Wirtschaftszweige kann das Bundeskartellamt auf die Gliederung der Klassifikation der Wirtschaftszweige des Statistischen Bundesamts zurückgreifen (WZ 2008). Die Aufforderung des Bundeskartellamts ist als Verwaltungsakt gerichtlich überprüfbar. Im Hinblick darauf, welche Unternehmen aufgefordert werden, steht dem Bundeskartellamt ein Ermessen zu.

Die Aufforderung zur Anmeldung künftiger Zusammenschlüsse unterhalb der üblichen Umsatzschwellen ist an enge Voraussetzungen gebunden.

Nach Absatz 1 Nummer 1 können erstens nur solche Unternehmen zur Anmeldung künftiger Zusammenschlüsse aufgefordert werden, die im letzten Geschäftsjahr einen Umsatz von weltweit 500 Mio. Euro erzielt haben. Der Betrag bezieht sich auf den Umsatz des Erwerbers und nicht auf den Gesamtumsatz aller beteiligten Unternehmen.

Zweitens setzt die Verpflichtung zur Anmeldung aller Zusammenschlüsse eines Unternehmens nach Absatz 1 Nummer 2 voraus, dass objektiv nachvollziehbare Anhaltspunkte dafür bestehen, dass weitere Zusammenschlüsse in einem bestimmten Wirtschaftszweig den Wettbewerb erheblich behindern können. Anhaltspunkte können sich insbesondere aus einer Sektoruntersuchung des Bundeskartellamts nach § 32e ergeben. In künftigen Sektoruntersuchungen kann das Bundeskartellamt bei Einleitung der Untersuchung auf die Möglichkeit und Rechtsfolgen des § 39a hinweisen. Ferner können sich Anhaltspunkte daraus ergeben, dass ein bereits marktmächtiges Unternehmen schrittweise kleine Wettbewerber übernimmt oder ein Unternehmen in einem bestimmten Wirtschaftsbereich oder einem bereits konzentrierten Markt die für seine Marktposition potentiell gefährlichen Newcomer aufkauft. Auch Beschwerden von Wettbewerbern oder Kunden und Verbrauchern können Anhaltspunkte sein.

Mit Absatz 1 Nummer 3 wird drittens sichergestellt, dass nur Unternehmen erfasst werden, denen eine bestimmte volkswirtschaftliche Bedeutung zukommt. Dies ist dann der Fall, wenn das betreffende Unternehmen in den in der Verfügung genannten Wirtschaftszweigen insgesamt einen Anteil von mindestens 15 % des Angebots oder der Nachfrage der relevanten Waren oder Dienstleistungen in Deutschland hat. Die genannten 15 % beziehen sich nicht auf einen „Marktanteil" im ökonomischen Sinn, sondern auf den Anteil an jeglichen für den Wirtschaftszweig prägenden Waren und Dienstleistungen. Dem Bundeskartellamt kommt bei der Bestimmung der für den Wirtschaftszweig relevanten Güter oder Dienstleistungen und bei der Bestimmung der Kriterien (z.B. Wert oder Menge der Waren und Dienstleistungen, Produktionskapazitäten, Anzahl der Beschäftigten) Ermessen zu.

Mit Absatz 2 werden Zusammenschlüsse ausgenommen, bei denen der Umsatz der Zielgesellschaft äußerst gering ist. Ferner sind Erwerbe von Unternehmen ausgenommen, die zu mehr als einem Drittel im Ausland tätig sind. Die Formulierung „das zu erwerbende Unternehmen" umfasst –

wie auch bei § 35 Abs. 1a Nr. 4 – alle Formen von Zusammenschlüsse (z.B. die Gründung eines Gemeinschaftsunternehmens).

Die Verpflichtung zur Anmeldung eines Zusammenschlusses ist nach Absatz 3 ferner an die Voraussetzung geknüpft, dass das Bundeskartellamt auf einem der betroffenen Wirtschaftszweige zuvor eine Sektoruntersuchung gemäß § 32e durchgeführt hat, mittels derer die Strukturen und Wettbewerbsbedingungen auf dem betroffenen Wirtschaftszweig untersucht und analysiert wurden. Die Sektoruntersuchung muss in einem zeitlichen Zusammenhang mit der Aufforderung nach Absatz 1 stehen. Mehrere Jahre zurückliegende Sektoruntersuchungen sind kein tauglicher Anknüpfungspunkt, da sich die Marktverhältnisse in der Zwischenzeit geändert haben können. Aus Gründen der Rechtssicherheit kommen zudem nur zukünftige Sektoruntersuchungen in Betracht, die nach Inkrafttreten der Norm abgeschlossen werden. In künftigen Sektoruntersuchungen wird das Bundeskartellamt bereits bei der Einleitung des Verfahrens darauf hinweisen, dass im Nachgang einer Sektoruntersuchung eine Verfügung nach Absatz 1 ergehen kann. Die durch die Sektoruntersuchung gewonnenen Kenntnisse können als Datengrundlage für den anzumeldenden Zusammenschluss verwendet werden.

Aus Gründen der Rechtssicherheit und mit Blick auf die Verhältnismäßigkeit wird die Anmeldepflicht mit Absatz 4 Satz 1 auf drei Jahre beschränkt. Die Pflicht zur Anmeldung künftiger Zusammenschlüsse nach § 39a kann erneuert werden, wenn weiterhin Anhaltspunkte dafür bestehen, dass künftige Zusammenschlüsse des Unternehmens den Wettbewerb einschränken können. Ein kürzerer Zeitraum könnte den Regelungszweck nicht hinreichend sicherstellen. Bestehen weiter Anhaltspunkte für wettbewerblich problematische Auswirkungen künftiger Zusammenschlüsse, kann die Aufforderung gemäß Absatz 4 Satz 2 erneuert werden. Die Anmeldepflicht gilt nur für solche Zusammenschlüsse, bei denen das zu erwerbende Unternehmen in einem Wirtschaftszweig tätig ist, der in der Entscheidung des Bundeskartellamts genannt ist.

Die Anmeldepflicht gilt ab Zustellung der Verfügung an das betroffene Unternehmen. Gegen die Verfügung ist einstweiliger Rechtsschutz zulässig. Das Gericht der Hauptsache kann gemäß § 80 Absatz 5 Satz 1 Alternative 1 der Verwaltungsgerichtsordnung die aufschiebende Wirkung eines Rechtsbehelfs gegen die Verfügung ganz oder teilweise anordnen.

Die Vorschrift regelt allein die Frage, ob das Bundeskartellamt formell eine Fusion überhaupt prüfen darf. Die materiellen Grundsätze für die Beurteilung von Zusammenschlüssen bleiben unberührt. Das Bundeskartellamt muss daher auch in den Fällen des § 39a GWB stets prüfen, ob durch den Zusammenschluss wirksamer Wettbewerb erheblich behindert würde. Diese Prüfung erfordert eine Prognose über die Auswirkungen des Zusammenschlusses. Die Wettbewerbsbedingungen vor dem Zusammenschluss und danach sind im Rahmen einer zukunftsgerichteten dynamischen Analyse zu vergleichen. Die Vorschrift schränkt daher insbesondere nicht die bestehenden Möglichkeiten ein, ein Unternehmen im Rahmen einer sog. „Sanierungsfusion" zu veräußern. Für eine Untersagung einer Fusion ist erforderlich, dass die Verschlechterungen der Marktverhältnisse „durch" den Zusammenschluss eintreten. Bleibt neben dem Zusammenschluss die Liquidation als einzige Alternative und ist ein alternativer, weniger wettbewerbsschädlicher Erwerber nicht in Sicht kann der Zusammenschluss nicht untersagt werden, wenn dem anderen Zusammenschlussbeteiligten die Marktposition im Ergebnis sowieso zufallen würde. Dies kann insbesondere in hoch konzentrierten regionalen Märkten der Fall sein.

In der Regel kann mit dem bestehenden System der Fusionskontrolle die überwiegende Zahl an Fällen erfasst werden, bei denen wettbewerblich problematische Zusammenschlüsse auftreten. Der Regelung des § 39a kommt insoweit nur eine ergänzende Funktion für bestimmte Wirtschaftszweige zu. Daher ist davon auszugehen, dass die Regelung jährlich nur auf circa ein bis drei Unternehmen angewandt wird.
[…]

III. Vergleich zwischen Referenten- und Regierungsentwurf

[…]
16. Nach § 39 wird folgender ~~neuer~~ § 39a eingefügt:

„§ 39a
Aufforderung zur Anmeldung künftiger Zusammenschlüsse

(1) Das Bundeskartellamt kann ein Unternehmen durch Verfügung ~~auffordern~~ verpflichten, jeden Zusammenschluss des Unternehmens mit anderen Unternehmen in einem oder mehreren bestimmten Wirtschaftszweigen anzumelden, wenn
    1. das Unternehmen im letzten Geschäftsjahr weltweit Umsatzerlöse von mehr als ~~250~~ 500 Millionen Euro erzielt hat ~~und~~,
    2. objektiv nachvollziehbare Anhaltspunkte dafür bestehen, dass durch künftige Zusammenschlüsse der wirksame Wettbewerb im

Inland in den genannten Wirtschaftszweigen ~~eingeschränkt~~ erheblich behindert werden ~~kann~~ könnte und

3. das Unternehmen in den genannten Wirtschaftszweigen einen Anteil von mindestens 15 Prozent am Angebot oder an der Nachfrage von Waren oder Dienstleistungen in Deutschland hat.

(2) Die Anmeldepflicht nach Absatz 1 gilt nur für Zusammenschlüsse bei denen

1. das zu erwerbende Unternehmen im letzten ~~abgeschlossenen~~ Geschäftsjahr Umsatzerlöse von mehr als 2 Millionen Euro erzielt hat und

2. mehr als zwei Drittel seiner Umsatzerlöse im Inland erzielt hat.

(3) Eine Verfügung nach Absatz 1 setzt voraus, dass das Bundeskartellamt auf einem der betroffenen Wirtschaftszweige zuvor eine Untersuchung nach § 32e durchgeführt hat.

(4) Die Anmeldepflicht nach Absatz 1 gilt für drei Jahre ab ~~Bestandskraft~~ Zustellung der Entscheidung. In der ~~Aufforderung~~ Verfügung sind die relevanten Wirtschaftszweige anzugeben."

[...]

Zu Nummer 16

In der Praxis treten Entwicklungen auf, bei denen Unternehmen fusionskontrollfrei eine flächendeckende Marktkonzentration durch sukzessive Erwerbsvorgänge aufbauen.

Mit der 8. GWB-Novelle wurde eine Zusammenrechnungsklausel für schrittweise Erwerbsvorgänge (§ 38 Absatz 5 Satz 3) neu eingeführt. Zwei oder mehr Teilerwerbe, die innerhalb von zwei Jahren zwischen denselben Personen oder Unternehmen getätigt werden, werden als ein einziger Zusammenschluss behandelt, wenn dadurch erstmals die Umsatzschwellen des § 35 erreicht werden.

Problematisch sind jedoch darüber hinaus Fälle, in denen ein Unternehmen mehrere Erwerbsvorgänge auf den gleichen sachlich relevanten Märkten durchführt und bei denen auf Veräußererseite unterschiedliche Personen oder Unternehmen stehen. Handelt es sich um voneinander unabhängige Zusammenschlüsse, so kann etwa die zweite Inlandsumsatzschwelle mehrfach in Anspruch genommen werden. Dies gilt auch bei Zusammenschlüssen auf demselben sachlichen und räumlichen Markt in einem engen zeitlichen Zusammenhang. Insbesondere auf Regionalmärkten kann es hierbei zu wettbewerblich problematischen Konzentrationen kommen, die der Fusionskontrolle derzeit gänzlich entzogen sind, wenn der Umsatz der Zielgesellschaften die zweite Inlandsumsatzschwelle unterschreitet. Gleichwohl sind diese Entwicklungen – trotz der geringen Umsätze der Zielgesellschaften – gesamtwirtschaftlich nicht zwingend unbedeutend. Größere Unternehmen oder Konzerne können sich durch diese Erwerbsstrategien in Regionalmärkten eine Vormachtstellung zu Lasten mittelständischer Unternehmen erkaufen.

Mit dem neuen § 39a Absatz 1 wird ein Aufgreifinstrument eingeführt, das dem Bundeskartellamt ein Tätigwerden ermöglicht, bevor in bestimmten Märkten eine marktbeherrschende Stellung großer Unternehmen entsteht. Das Bundeskartellamt kann danach Unternehmen auffordern auch solche Zusammenschlüsse anzumelden, bei denen das zu erwerbende Unternehmen Umsätze unterhalb der geltenden Inlandsumsatzschwellen aufweist. Die erweiterte Anmeldpflicht bezieht sich auf konkrete, vom Bundeskartellamt zu benennende Wirtschaftszweige. Bei der Konkretisierung der Wirtschaftszweige kann das Bundeskartellamt auf die Gliederung der Klassifikation der Wirtschaftszweige des Statistischen Bundesamtes zurückgreifen (WZ 2008). Die Aufforderung des Bundeskartellamtes ist als Verwaltungsakt gerichtlich überprüfbar. Im Hinblick darauf, welche Unternehmen aufgefordert werden, steht dem Bundeskartellamt ein Ermessen zu.

~~Es~~ Die Aufforderung zur Anmeldung künftiger Zusammenschlüsse unterhalb der üblichen Umsatzschwellen ist an enge Voraussetzungen gebunden.

Nach Absatz 1 Nummer 1 können erstens nur solche Unternehmen zur Anmeldung künftiger Zusammenschlüsse aufgefordert werden, die im letzten Geschäftsjahr einen Umsatz von weltweit ~~250 Millionen~~ 500 Mio. Euro erzielt haben. Der Betrag bezieht sich auf den Umsatz des Erwerbers und nicht auf den Gesamtumsatz aller beteiligten Unternehmen. ~~Mit dieser Wertgrenze wird es ermöglicht, auch Fusionen solcher Unternehmen zu kontrollieren, die zwar nur eine mittlere Größe erreichen, aber dennoch auf ihren Märkten eine beherrschende Stellung innehaben.~~

~~Diese Wertgrenze setzt voraus, dass~~ Zweitens setzt die Verpflichtung zur Anmeldung aller Zusammenschlüsse eines Unternehmens nach Absatz 1 Nummer 2 voraus, dass objektiv nachvollziehbare Anhaltspunkte dafür bestehen, dass weitere Zusammenschlüsse in einem bestimmten Wirtschaftszweig den Wettbewerb erheblich behindern können. Anhaltspunkte können sich ~~beispielsweise~~ insbesondere aus einer Sektoruntersuchung des Bundeskartellamtes nach § 32e ergeben. In künftigen Sektoruntersuchungen kann das Bundeskartellamt bei Einleitung der Untersuchung auf die Möglichkeit und Rechtsfolgen des § 39a hinweisen. Ferner können sich Anhaltspunkte daraus ergeben, dass ein bereits marktmächtiges Unternehmen schrittweise kleine Wettbewerber übernimmt oder ein Unternehmen in einem bestimmten Wirtschaftsbereich oder einem bereits konzentrierten Markt die für seine Marktposition potentiell gefährlichen Newcomer aufkauft. Auch Beschwerden von Wettbewerbern oder Kunden und Verbrauchern können Anhaltspunkte sein.

Mit Absatz 1 Nummer 3 wird drittens sichergestellt, dass nur Unternehmen erfasst werden, denen eine bestimmte volkswirtschaftliche Bedeutung zukommt. Dies ist dann der Fall, wenn das betreffende Unternehmen in den in der Verfügung genannten Wirtschaftszweigen insgesamt einen Anteil von mindestens 15 % des Angebots oder der Nachfrage der relevanten Waren oder Dienstleistungen in Deutschland hat. Die genannten 15 % beziehen sich nicht auf einen „Marktanteil" im ökonomischen Sinn, sondern auf den Anteil an jeglichen für den Wirtschaftszweig prägenden Waren und Dienstleistungen. Dem Bundeskartellamt kommt bei der Bestimmung der für den Wirtschaftszweig relevanten Güter oder Dienstleistungen und bei der Bestimmung der Kriterien (z.B. Wert oder Menge der Waren und Dienstleistungen, Produktionskapazitäten, Anzahl der Beschäftigten) Ermessen zu.

Mit Absatz 2 werden Zusammenschlüsse ausgenommen, bei denen der Umsatz der Zielgesellschaft äußerst gering ist. Ferner sind Erwerbe von Unternehmen ausgenommen, die zu mehr als einem Drittel im Ausland tätig sind. Die Formulierung „das zu erwerbende Unternehmen" umfasst – wie auch bei § 35 Abs. 1a Nr. 4 – alle Formen von Zusammenschlüsse (z.B. die Gründung eines Gemeinschaftsunternehmens).

Die Verpflichtung zur Anmeldung eines Zusammenschlusses ist nach Absatz 3 ferner an die Voraussetzung geknüpft, dass das Bundeskartellamt auf einem der betroffenen Wirtschaftszweige zuvor eine Sektoruntersuchung gemäß § 32e durchgeführt hat, mittels derer die Strukturen und Wettbewerbsbedingungen auf dem betroffenen Wirtschaftszweig untersucht und analysiert wurden. Die Sektoruntersuchung muss in einem zeitlichen Zusammenhang mit der Aufforderung nach Absatz 1 stehen. Mehrere Jahre zurückliegende Sektoruntersuchungen sind kein tauglicher Anknüpfungspunkt, da sich die Marktverhältnisse in der Zwischenzeit geändert haben können. Aus Gründen der Rechtssicherheit kommen zudem nur zukünftige Sektoruntersuchungen in Betracht, die nach Inkrafttreten der Norm abgeschlossen werden. In künftigen Sektoruntersuchungen wird das Bundeskartellamt bereits bei der Einleitung des Verfahrens darauf hinweisen, dass im Nachgang einer Sektoruntersuchung eine Verfügung nach Absatz 1 ergehen kann. Die durch die Sektoruntersuchung gewonnenen

Kenntnisse können als Datengrundlage für den anzumeldenden Zusammenschluss verwendet werden.

Aus Gründen der Rechtssicherheit und mit Blick auf die Verhältnismäßigkeit wird die Anmeldepflicht mit Absatz 4 Satz 1 auf drei Jahre beschränkt. Die Pflicht zur Anmeldung künftiger Zusammenschlüsse nach § 39a kann erneuert werden, wenn weiterhin Anhaltspunkte dafür bestehen, dass künftige Zusammenschlüsse des Unternehmens den Wettbewerb einschränken können. Ein kürzerer Zeitraum könnte den Regelungszweck nicht hinreichend sicherstellen. Bestehen weiter Anhaltspunkte für wettbewerblich problematische Auswirkungen künftiger Zusammenschlüsse, kann die Aufforderung gemäß Absatz 3 4 Satz 2 erneuert werden. Die Anmeldepflicht gilt nur für solche Zusammenschlüsse, bei denen das zu erwerbende Unternehmen in einem Wirtschaftszweig tätig ist, der in der Entscheidung des Bundeskartellamtes genannt ist.

Die Anmeldepflicht gilt ab Zustellung der Verfügung an das betroffene Unternehmen. Gegen die Verfügung ist einstweiliger Rechtsschutz zulässig. Das Gericht der Hauptsache kann gemäß § 80 Absatz 5 Satz 1 Alternative 1 der Verwaltungsgerichtsordnung die aufschiebende Wirkung eines Rechtsbehelfs gegen die Verfügung ganz oder teilweise anordnen.

Die Vorschrift regelt allein die Frage, ob das Bundeskartellamt formell eine Fusion überhaupt prüfen darf. Die materiellen Grundsätze für die Beurteilung von Zusammenschlüssen bleiben unberührt. Das Bundeskartellamt muss daher auch in den Fällen des § 39a GWB stets prüfen, ob durch den Zusammenschluss wirksamer Wettbewerb erheblich behindert würde. Diese Prüfung erfordert eine Prognose über die Auswirkungen des Zusammenschlusses. Die Wettbewerbsbedingungen vor dem Zusammenschluss und danach sind im Rahmen einer zukunftsgerichteten dynamischen Analyse zu vergleichen. Die Vorschrift schränkt daher insbesondere nicht die bestehenden Möglichkeiten ein, ein Unternehmen im Rahmen einer sog. „Sanierungsfusion" zu veräußern. Für eine Untersagung einer Fusion ist erforderlich, dass die Verschlechterungen der Marktverhältnisse „durch" den Zusammenschluss eintreten. Bleibt neben dem Zusammenschluss die Liquidation als einzige Alternative und ist ein alternativer, weniger wettbewerbsschädlicher Erwerber nicht in Sicht kann der Zusammenschluss nicht untersagt werden, wenn dem anderen Zusammenschlussbeteiligten die Marktposition im Ergebnis sowieso zufallen würde. Dies kann insbesondere in hoch konzentrierten regionalen Märkten der Fall sein.

In der Regel kann mit dem bestehenden System der Fusionskontrolle die überwiegende Zahl an Fällen erfasst werden, bei denen wettbewerblich problematische Zusammenschlüsse auftreten. Der Regelung des § 39a

kommt insoweit nur eine ergänzende Funktion für bestimmte Wirtschaftszweige zu. Daher ist davon auszugehen, dass die Regelung jährlich nur auf
circa ein bis drei Unternehmen angewandt wird.
[...]

IV. Auszug aus den Guidelines der CMA zum Share of Supply Test

[...]

The share of supply test

4.62

Under section 23 of the Act, the 'share of supply test' is satisfied if the
merged enterprises:

b) both[198] either supply or acquire goods or services of a particular des-
    cription in the UK;[199] and
c) will, after the merger,[200] supply or acquire 25 % or more of those goods
    or services, in the UK as a whole or in a substantial part of it.

The supply or acquisition of goods or services of any description

4.63

The Act confers on the CMA a broad discretion to identify, for the purposes of applying the share of supply test, a specific category of goods or services supplied or acquired by the merger parties.[201] In applying the share
of supply test, the CMA will have regard to the following considerations:

a) The share of supply test is not an economic assessment of the type used
    in the CMA's substantive assessment; therefore, the group of goods or
    services to which the jurisdictional test is applied need not amount to a
    relevant economic market, and can aggregate, for example, intra-group

---

198 [86] Where more than two enterprises cease to be distinct, at least two of them
    must supply or acquire such goods or services.
199 [87] See, for example, CMA Decision: Anticipated acquisition by Roche Hold-
    ings, Inc. of Spark Therapeutics, Inc (10 February 2020) where the CMA found
    that the share of supply test was satisfied (on an alternative basis) based on the
    number of patents procured by the merger parties.
200 [88] In accordance with section 23(9) of the Act, the CMA assesses whether
    the share of supply test is met at the time of its decision on reference, unless
    the reference of an anticipated merger is subsequently treated by the CMA as
    being a reference of a completed merger pursuant to section 37(2) of the Act (in
    which case, it is at such time as the CMA may determine).
201 [89] Section 23 of the Act.

and third party sales even if these might be treated differently in the substantive assessment.[202] As such, the description of goods or services to which the jurisdictional test is applied may differ from the relevant economic market used for the purposes of the substantive assessment of the merger.[203]

b) The CMA will have regard to any reasonable description of a set of goods or services to determine whether the share of supply test is met. Whilst the share of supply used may correspond with a standard recognised by the industry in question, this need not necessarily be the case.

c) The CMA will consider the commercial reality of the merger parties' activities when assessing how goods or services are supplied, focussing on the substance rather than the legal form of arrangements. Firms can engage in a variety of different business models and offer differentiated products or services, and the forms of supply which firms may offer in competition with one another can vary significantly. The CMA will consider whether there are sufficient elements of common functionality between the merger parties' activities.[204] Moreover, the CMA will take account of the life cycle of the supplies in question, noting that parties may have a material presence in the UK market by virtue of pipeline products or services,[205] or other factors.

d) In applying the share of supply test, the CMA may, under section 23(8) of the Act, apply such criteria as it considers appropriate to decide whether certain goods or services should be treated as goods or services of a separate description (and therefore not taken into account in assessing whether the share of supply test is met) in any particular case. The same approach applies to whether goods or services are of the same description.

---

202 [90] See CMA Decision: Anticipated acquisition by Roche Holdings, Inc. of Spark Therapeutics, Inc (10 February 2020) and OFT Decision: Anticipated acquisition by Montauban S.A. of Simon Group plc (21 August 2006).

203 [91] See CMA Decisions: Anticipated acquisition by Roche Holdings, Inc. of Spark Therapeutics, Inc (10 February 2020); Completed acquisition by ION Investment Group Limited of Broadway Technology Holdings LLC (7 July 2020); Anticipated acquisition by LN-Gaiety Holdings Limited of MCD Productions Unlimited Company (11 July 2019).

204 [92] See CMA Decision: Anticipated acquisition by Visa International Service Association of Plaid Inc (24 August 2020); CMA Final Report: Completed acquisition by Linergy of Ulster Farm ByProducts (6 January 2016).

205 [93] See CMA Decision: Anticipated acquisition by Roche Holdings, Inc. of Spark Therapeutics, Inc (10 February 2020).

e) The CMA cannot apply the share of supply test unless the merger parties together supply or acquire the same category of goods and services (of any description). The test cannot capture mergers where the relationship between the merger parties is purely vertical in nature and where there is no overlap between the merger parties' activities based on any reasonable description of a set of goods or services.[206]

The UK or a substantial part of it

4.64

The share of supply test requires that the merger has a sufficient UK nexus, namely, that it would result in the creation or enhancement of at least a 25 % share of supply or acquisition of goods or services either in the UK or in a substantial part of the UK. In assessing how goods or services are supplied to the UK, the CMA will have regard to the following considerations:
a) The merger parties do not need to be legally incorporated in the UK.
b) Services or goods are generally supplied in the UK where they are provided to customers which are located in the UK.[207] The CMA will apply this general rule in a flexible and purposive way, with regard to all relevant factors. In many circumstances, where competition with alternative suppliers takes place is likely to be informative. The CMA's assessment may also consider other factors, such as where relevant procurement decisions are likely to be taken or where the goods or services are ultimately delivered, supplied, accessed or used (for example, if the relevant goods or services are used to meet UK regulatory obligations) where appropriate. This general approach also applies in the case of sales to multinational companies, irrespective of place of incorporation, domicile or principal place of business.
c) The CMA will also have regard to the nature of the relationships between the merger parties and their customers (including as between different customer groups). While the CMA will consider direct contractual relationships, it may also consider customer relationships that

---

206 [94] In CMA Decision: Completed acquisition by Google LLC of Looker Data Sciences, Inc. (13 February 2020), the share of supply test was applicable where parties were active at the same level of the supply chain, in addition to being vertically related. See also OFT Decisions: Completed acquisition by GFI Group Inc of Trayport Limited (28 May 2008) and Completed acquisition by the BUPA Group of the Cromwell Hospital (24 June 2008).
207 [95] The mere fact that a supplier is located in the UK is therefore not conclusive that services are being supplied in the UK. Conversely, suppliers based overseas may be supplying services in the UK.

are not governed by contract,[208] as well as other relevant factors. For example, under section 128 of the Act, the supply of services includes the provision of services by making them available to potential users,[209] and making arrangements for the use of computer software.[210]

Substantial part of the UK

4.65

The share of supply test may be applied to the UK as a whole or to a substantial part of it. The test may be satisfied on the basis of the share of supply or acquisition in a relatively wide geographic area (such as the UK, Great Britain, England, Scotland, Wales or Northern Ireland), even if the transaction's competitive impact is more likely to be regional or local in nature.[211]

4.66

There is no statutory definition of 'a substantial part'. The House of Lords (now the Supreme Court of the UK) ruled in the context of similar provisions in the Fair Trading Act 1973 that, while there can be no fixed definition, the area or areas considered must be of such size, character and importance as to make it worth consideration for the purposes of merger control.[212] The CMA will take such factors into account as: the size, pop-

---

208 [96] In some cases, interactions between firms and their customers might not be reduced to single (formal) 'procurement' decisions giving rise to direct contractual relationships, and it may be necessary to consider the significance of commercial relationships in the round. See, for example, CMA Decision: Anticipated acquisition by Evolution Gaming Group AB of NetEnt AB (8 December 2020).

209 [97] Section 128(3) of the Act. See CMA Request pursuant to article 22 of Council Regulation (EC) 139/2004: Anticipated acquisition by Mastercard Incorporated of Parts of the Corporate Services Business of Nets A/S (16 March 2020).

210 [98] Section 128(4) of the Act. See CMA Decision: Completed acquisition by ION Investment Group Limited of Broadway Technology Holdings LLC (7 July 2020).

211 [99] See CMA Final Report: Anticipated acquisition by LN-Gaiety Holdings Ltd of MCD Productions Unlimited Company (19 December 2019).

212 [100] See Regina v Monopolies and Mergers Commission and another ex parte South Yorkshire Transport Limited [1993] 1 WLR 23, at paragraphs 31A to 32B: "… the epithet "substantial" is there to ensure that the expensive, laborious and time-consuming mechanism of a merger reference is not set in motion if the effort is not worthwhile… [To be a substantial part of the UK] "the part must be of such size, character and importance as to make it worth consideration for the purposes of the Act."

ulation, social, political, economic, financial and geographic significance of the specified area or areas, and whether it is (or they are) special or significant in some way.[213]

4.67

There is no need in the application of the share of supply test for the substantial part of the UK to constitute an undivided geographic area. This interpretation gives effect to the purposes of the Act. The economic significance of a merger, in terms of a substantial lessening of competition, does not necessarily depend on whether several localities are contiguous or separated.[214]

The 25 % Threshold

4.68

Under section 23(3) and (4) of the Act, the share of supply test is satisfied where the merger will result in a share of supply of 25 % or more in relation to the supply of goods or services of any description in the UK or in a substantial part of the UK.

4.69

Accordingly, where an enterprise already supplies or acquires 25 % of any particular goods or services, the test is satisfied so long as its share is increased as a result of the merger, regardless of the size of the increment.[215] Where there is no increment, the share of supply test is not met (subject to the exceptions and special regimes described below).

---

213 [101] See CMA Decisions: Completed acquisition by Novo Invest GmbH acting through Novomatic UK Ltd of Talarius Limited (28 October 2016); Completed acquisition by Co-operative Foodstores Limited of eight My Local grocery stores from ML Convenience Limited and MLCG Limited (19 October 2016); Anticipated acquisition by Co-operative Foodstores Limited of 15 Budgens grocery stores from Booker Retail Partners (GB) Limited (6 June 2016); Completed acquisition by LNGaiety Holdings Limited of MAMA & Company Limited (19 February 2016); Completed acquisition by Oasis Dental Care (Central) Limited of Total Orthodontics Limited (2 September 2015).

214 [102] See CMA Decisions: Completed acquisition by Henderson Retail Limited of part of the Martin McColl Limited portfolio (16 February 2018); Completed acquisition by Novo Invest GmbH acting through Novomatic UK Ltd of Talarius Limited (28 October 2016); See also the CC's report: A report on the acquisition by Archant Limited of the London newspapers of Independent News and Media Limited (22 September 2004).

215 [103] See, for example, CMA Final Report: Anticipated acquisition by LN-Gaiety Holdings Ltd of MCD Productions Unlimited Company (19 December 2019).

4.70

In applying the share of supply test, the CMA may under section 23(5) of the Act have regard to the value, cost, price, quantity, capacity, number of workers employed[216] or any other criterion, or combination of criteria, in determining whether the 25 % threshold is met.[217]

Exceptions and special regimes

4.71

The following exceptions and special regimes apply in relation to the share of supply test:

a) No increment is required in relation to the shares of supply of newspapers and/or broadcasting where the Secretary of State issues a special intervention notice (see paragraph 16.15 below).

b) For mergers in which the enterprise being taken over (or part of it) is a relevant enterprise (see paragraphs 4.4 to 4.5 above), the share of supply test is met if, before the merger, the relevant enterprise being acquired or merged has a share of supply or purchase of 25 % or more of relevant goods or services in the UK or in a substantial part of it. The test is met even if the share of supply does not increase as a result of the merger. The relevant goods or services for the purposes of deciding whether the share of supply test is met are those by virtue of which the target enterprise qualifies as a relevant enterprise. This provision adds to, rather than replaces, the share of supply test discussed in paragraph 4.62 above.

4.72

For mergers involving two or more 'water enterprises' the jurisdictional test is based on turnover only (see paragraph 17.1 below for further information).

---

216 [104] See CMA Decision: Anticipated acquisition by Roche Holdings, Inc. of Spark Therapeutics, Inc (10 February 2020).

217 [105] In the CMA Decision: Anticipated acquisition by Roche Holdings, Inc. of Spark Therapeutics, Inc (10 February 2020), the CMA relied on the number of patents procured by the merger parties as an alternative basis to satisfy the share of supply test. In CMA Request pursuant to article 22 of Council Regulation (EC) 139/2004 in Anticipated acquisition by Mastercard Incorporated of Parts of the Corporate Services Business of Nets A/S (16 March 2020), the CMA considered that the share of supply test would be met based on the number of suppliers bidding to supply certain services.

4.73

The increase in the share of supply (referred to in paragraph 4.69) must result from the enterprises ceasing to be distinct. In the case of an acquisition, this requires calculation of the share of supply based on the activities of the acquirer and the target company. In joint venture situations, the share of supply is calculated by reference to the activities of the joint venture, although it will include shares of the controlling joint venture parents where they remain active in the same activities as the joint venture. For example, where two companies, Company A and Company B, form a joint venture incorporating their assets and businesses in a particular area of activity, enterprises TA and TB respectively, the share of supply test is applied with reference to whether there is an increase in the share of supply between A, B, TA and TB in relation to the areas of activity in which TA and/or TB are active. The CMA would therefore not apply the share of supply test as between A and B outside the areas of activity of the joint venture.

[...]

Literaturverzeichnis

Australian Competition & Consumer Commission: Merger Guidelines, 21. November 2008, abrufbar unter: https://www.accc.gov.au/system/files/Merger%20g uidelines%20-%20Final.PDF (zuletzt abgerufen am 2. Juni 2021).

Australian Competition & Consumer Commission: Informal Merger Review Process Guidelines, September 2013, Aktualisierung im November 2017, abrufbar unter: https://www.accc.gov.au/system/files/D17-156292%20Informal%20Merge r%20Review%20Process%20Guidelines%20-%20updated%20November%20201 7_0.PDF (zuletzt abgerufen am 30. Juli 2021).

Bechtold, Rainer: Zum nunmehr „veröffentlichten" Referentenentwurf der 10. GWB-Novelle, Fassung vom 24.1.2020, NZKart 2020, S. 47 – 49.

Bechtold, Rainer/Bosch, Wolfgang: Kommentar zum GWB, 10. Auflage 2021 (zitiert: Bechtold/Bosch, GWB, §, Rn.).

Bechtold, Rainer/Bosch, Wolfgang/Brinker, Ingo: Kommentar zum EU-Kartellrecht, 3. Auflage 2014 (zitiert: Bechtold/Bosch/Brinker, EU-Kartellrecht, Art. Rn.).

Becker, Björn Christian: Fusionskontrolle unterhalb der Aufgreifschwellen, ZWeR 2020, S. 365–396.

Bien, Florian/Käseberg, Thorsten/Klumpe, Gerhard/Körber, Torsten/Ost, Konrad (Hrsg.): Die 10. GWB-Novelle, 2021 (zitiert als: *Bearbeiter* in Bien et al., Die 10. GWB-Novelle, Kap. Rn.).

Brinker, Ingo/Haag, Kathrin: Fusionskontrolle neben der Fusionskontrolle: Der neue § 39a GWB, BB 2021, 1987–1994.

Bullinger, Martin: Das Ermessen der öffentlichen Verwaltung – Entwicklung, Funktionen, Gerichtskontrolle –, JZ 1984, S. 1001–1009.

Bundeskartellamt: Eckpunktepapier zu den Ergebnissen der Sektoruntersuchung im Bereich Außenwerbung, 26. November 2009, abrufbar unter: https://www.b undeskartellamt.de/SharedDocs/Publikation/DE/Sektoruntersuchungen/Sektor untersuchung_Aussenwerbung_Eckpunktepapier_Ergebnisse.html?nn=3591074 (zuletzt abgerufen am 24. Februar 2021).

Bundeskartellamt: Stellungnahme zum Referentenentwurf zur 10. GWB-Novelle vom 25. Februar 2020, S. 21., abrufbar unter https://www.bundeskartellamt.de/S haredDocs/Publikation/DE/Stellungnahmen/Referentenentwurf_10_GWB_Nov elle.pdf?__blob=publicationFile&v=3 (zuletzt abgerufen am 24. Februar 2021).

Bundeskartellamt: Stellungnahme zum Regierungsentwurf zur 10. GWB-Novelle vom 23. November 2020, S. 21, abrufbar unter:https://www.bundeskartellamt .de/SharedDocs/Publikation/DE/Stellungnahmen/Stellungnahme-Regierun gsentwurf_GWB10.pdf?__blob=publicationFile&v=2 (zuletzt abgerufen am 24. Februar 2021).

Bundeskartellamt/Bundeswettbewerbsbehörde: Leitfaden Transaktionswert-Schwellen für die Anmeldepflicht von Zusammenschlussvorhaben (§ 35 Abs. 1a GWB und § 9 Abs. 4 KartG), Juli 2018 (abrufbar unter: https://www.bundeskarte llamt.de/SharedDocs/Publikation/DE/Leitfaden/Leitfaden_Transaktionsschwelle .pdf;jsessionid=B907E2750455003B1AF5640D7C4E58D9.2_cid390?__blob=publ icationFile&v=6).

Competition & Consumer Commission Singapore: Guidelines on the substantive assessment of mergers 2016, Dezember 2016, abrufbar unter: https://www.cccs. gov.sg/-/media/custom/ccs/files/legislation/legislation-at-a-glance/cccs-guidelin es/cccs-guidelines-on-the-substantive-assessment-of-mergers-2016.pdf?la=en&ha sh=82EA6D2F44450309AFA8A019109C6B7754D94B9D (zuletzt abgerufen am 2. Juni 2021).

Competition & Consumer Commission Singapore: Guidelines on merger procedures 2012, Juli 2012, abrufbar unter: https://www.cccs.gov.sg/-/media/custom/ccs/f iles/legislation/legislation-at-a-glance/cccs-guidelines/cccs-guidelines-on-merger-p rocedures-2012-up.pdf?la=en&hash=639E7A4EF66886445284E36F0BFAB190186 10276 (zuletzt abgerufen am 30. Juli 2021).

Competition & Consumer Protection Commission: Notice in respect of the review of non-notifiable mergers and acquisitions, 31. Oktober 2014, abrufbar unter: https://www.ccpc.ie/business/wp-content/uploads/sites/3/2017/04/CCPC-Merger s-Non-Notifiable-Mergers-1.pdf (zuletzt abgerufen am 30. Juni 2021).

CDU/CSU/SPD (2018): Ein neuer Aufbruch für Europa, Eine neue Dynamik für Deutschland, Ein neuer Zusammenhalt für unser Land: Koalitionsvertrag zwischen CDU, CSU und SPD, 19. Legislaturperiode, Berlin 2018.

Competition and Markets Authority: Mergers: Guidance on the CMA's jurisdiction and procedure, Dezember 2020, abrufbar unter: https://assets.publishing.service. gov.uk/government/uploads/system/uploads/attachment_data/file/950185/Merg ers_-_Guidance_on_the_CMA_s_jurisdiction_and_procedure__2020_-_revised_ -_guidance_.pdf (zuletzt abgerufen am 25. Februar 2021).

Competition and Markets Authority: Guidance on the CMA's merger intelligence function, Dezember 2020, abrufbar unter: https://assets.publishing.service.gov.u k/government/uploads/system/uploads/attachment_data/file/947380/CMA56_de c_2020.pdf (zuletzt abgerufen am 30. Juli 2021).

Damazo-Santos, Jet: Philippine antitrust regulator to get hybrid merger review regime, stronger powers under contentious bill, mlex Insight vom 22. Juli 2021, abrufbar unter: https://content.mlex.com/#/content/1310461 (zuletzt abgerufen am 30. Juli 2021).

Epping, Volker/Hillgruber, Christian: Beck'scher Onlinekommentar zum Grundgesetz, 47. Edition, Stand 15. Mai 2021 (zitiert als: *Bearbeiter* in BeckOK-GG, Art. Rn.)

Fuchs, Andreas: Marktmachtmissbrauch durch sog. „killer acquisitions" – Möglichkeiten und Grenzen einer nachträglichen Fusionskontrolle über Art. 102 AEUV und § 19 Abs. 1 GWB am Beispiel des systematischen Aufkaufs innovativer Startups, in Klose, Tobias/Klusmann, Martin/Thomas, Stefan (Hrsg.), Festschrift für Gerhard Wiedemann (2020), S. 303–322 (zitiert als: *Fuchs* in FS Wiedemann, S.).

Gildhoff, Nils: Sektoruntersuchungen: Zulässigkeitsvoraussetzungen und Rechtsschutz, WuW 2013, S. 716–726.

Gröss, Sebatian/Mersch, Maximilian: Fokussiert, proaktiv und digital? – Die Fusionskontrolle des Referentenentwurfs zwischen Anspruch und Wirklichkeit, NZKart 2020, S. 119–124.

Immenga, Ulrich/Mestmäcker Ernst-Joachim, hrsg. v. Körber, Torsten/Schweitzer, Heike/Zimmer, Daniel: Wettbewerbsrecht, Band 1: Kommentar zum Europäischen Kartellrecht. EU, 6. Auflage. 2019 (zitiert als: *Bearbeiter* in Immenga/Mestmäcker, §, Rn.).

Immenga, Ulrich/Mestmäcker, Ernst Joachim, hrsg. v. Körber, Torsten/Schweitzer, Heike/Zimmer, Daniel: Wettbewerbsrecht, Band 2: Kommentar zum Deutschen Kartellrecht. GWB, 6. Auflage, 2020, (zitiert als: *Bearbeiter* in Immenga/ Mestmäcker, §, Rn.).

Immenga, Ulrich/Mestmäcker, Ernst Joachim, hrsg. v. Körber, Torsten/Schweitzer, Heike/Zimmer, Daniel: Wettbewerbsrecht, Band 3: Kommentar zur Deutschen und Europäischen Fusionskontrolle, 6. Auflage 2020 (zitiert als: *Bearbeiter* in Immenga/ Mestmäcker, §, Rn.).

Jaeger, Wolfgang/Kokott, Juliane/Pohlmann, Petra/Schroeder, Dirk, (Hrsg.): Frankfurter Kommentar zum Kartellrecht, 99. EL 03.2021 (zitiert als: *Bearbeiter* in FK, §, Rn.)

Jarass, Hans D./Pieroth, Bodo, hrsg. v. Jarass, Hans D./Kment, Martin: Kommentar zum Grundgesetz, 16. Auflage 2020 (zitiert: *Bearbeiter* in Jarass/Pieroth, GG, Art. Rn.)

Käseberg, Thorsten: Der Referentenentwurf zu einem GWB-Digitalisierungsgesetz, NZKart 2019, S. 569–571.

Krohs, Christian/Reimann Carsten: Das britische Fusionskontrollrecht nach dem Enterprise Act 2002, WuW 2003, S. 1266 – 1278.

Körber, Torsten: Die 10. GWB-Novelle als „GWB-Digitalisierungs-Regulierungs-Gesetz", NZKart 2019, S. 633 – 635.

Langen, Eugen/Bunte, Hermann-Josef (Hrsg.): Kartellrecht-Kommentar, Band 1, 13. Aufl. 2018 (zitiert als: *Bearbeiter* in Langen/Bunte, Kartellrecht, §, Rn.).

Loewenheim, Ulrich/Meessen, Karl/Riesenkampff, Alexander/Kersting, Christian/Meyer-Lindermann, Hans Jürgen (Hrsg.): Kartellrecht, Kommentar zur Deutschen und Europäischen Recht, 4. Auflage 2020 (zitiert als: *Bearbeiter* in LMRKM, Kartellrecht, §, Rn.).

Maunz, Theodor/Dürig, Günter, hrsg. v. Herzog, Roman/Scholz, Rupert/Herdegen, Matthias/Klein, Hans H.: Grundgesetz Kommentar, Stand: 94. EL Januar 2021 (zitiert als: *Bearbeiter* in Maunz/Dürig, GG, Art. Rn.).

Monopolkommission: Policy Brief, Ausgabe 4, Januar 2020, abrufbar unter: https://www.monopolkommission.de/images/Policy_Brief/MK_Policy_Brief_4.pdf, zuletzt abgerufen am 26. März 2021.

Von Münch, Ingo/Kunig, Philip, hrsg. v. Kämmerer, Jörn Axel/Kotzur, Markus: Grundgesetz Kommentar, Stand: 7. Auflage 2021 (zitiert als: *Bearbeiter* in Maunz/Dürig, GG, Art. Rn.).

Mundt, Andreas: Interview mit dem Entsorgungsmagazin vom 23. Oktober 2017, abrufbar unter: https://www.bundeskartellamt.de/SharedDocs/Publikation/DE/ Interviews/2017/171023_Entsorgungsmagazin.pdf?__blob=publicationFile&v=2 (zuletzt abgerufen am 4. Februar 2021).

Mundt, Andreas: Wandel der kartellbehördlichen Aufsicht und die aktuellen Herausforderungen, WuW 2021, S. 418–422.

Norwegian Competition Authority: When must mergers and acquisitions be notified to the Norwegian Competition Authority?, abrufbar unter: https://konkurr ansetilsynet.no/currently-reviewed/mergers-and-acquisitions/?lang=en (zuletzt abgerufen am 30. Juni 2021).

Nothelfer, Wolfgang: UK Merger Control post-Brexit: Neue Herausforderungen für internationale Transaktionen mit Bezug zum Vereinigten Königreich, NZ-Kart 2017, S. 574–581.

Posser, Herbert/Wolff, Heinrich Amadeus (Hrsg.): Beck'scher Online Kommentar zur VwGO, 114. Edition, Stand 1. Oktober 2020 (zitiert als: *Bearbeiter* in BeckOK-VwGO, §, Rn.).

Sachs, Michael (Hrsg.): Grundgesetz Kommentar, Stand: 9. Auflage 2021 (zitiert als: *Bearbeiter* in Sachs, GG, Art. Rn.).

Säcker, Franz Jürgen/Meier-Beck, Peter/Bien, Florian/Montag, Frank (Hrsg.): Münchner Kommentar zum Wettbewerbsrecht, Band 1: Europäisches Wettbewerbsrecht, 3. Auflage 2020 (zitiert als: *Bearbeiter* in MüKo-EUWbR, §, Rn.).

Säcker, Franz Jürgen/Meier-Beck, Peter (Hrsg.): Münchner Kommentar zum Wettbewerbsrecht, Band 2: GWB, Verfahren vor den europäischen Gerichten, 3. Auflage 2020 (zitiert als: *Bearbeiter* in MüKo-GWB, §, Rn.).

Säcker, Franz Jürgen/Rixecker, Roland/Oetker, Hartmut/Limperg, Bettina (Hrsg.): Münchner Kommentar zum BGB, Band 7, 8. Auflage 2020 (zitiert als: *Bearbeiter* in MüKo-BGB, §, Rn.).

Schoenherr: Significant amendments to the Hungarian Competition Act, 19. Dezember 2016, abrufbar unter: https://www.lexology.com/library/detail.aspx?g=30 4bd04f-0181-477f-8040-8ff4ea5ae008 (zuletzt abgerufen am 30. Juni 2021).

Scholz, Rupert: Entflechtung und Verfassung, 1981

Statistisches Bundesamt: Klassifikation der Wirtschaftszweige, WZ 2008.

Steinvorth, Till/Gasser, Luca: Der neue § 39a GWB – Instrument für eine flexiblere Fusionskontrolle? WuW, 2021, S. 155–160.

Studienvereinigung Kartellrecht e.V.: Stellungnahme zu den mit dem Referentenentwurf vorgeschlagenen Änderungen – Verwaltungsverfahren/Schadensersatz/Fusionskontrolle, 13. Februar 2020, abrufbar unter: https://www.studienver einigung-kartellrecht.de/sites/default/files/stellungnahmen/67b4e1a541bd1af1e2 5ae7e6eb9824fc/200213_stuv_stellungnahme_verwverfahren_schadensersatz_fu ko_10_gwb_novelle_bmwi.pdf (zuletzt abgerufen am 26. Februar 2021).

Völcker, Sven B: Willkommen in der „Killzone" – die neue „Guidance" der Kommission zu Verweisungen durch unzuständige Behörden nach Art. 22 FKVO, Editorial, NZKart, 2021, S. 262–263.

von der Groeben, Hans/Schwarze, Jürgen/Hatje, Armin (Hrsg.): Europäisches Unionsrecht, 7. Auflage 2015 (zitiert als: *Bearbeiter* in von der Groeben/Schwarze/Hatje, Europäisches Unionsrecht, §, Rn.).

Wagemann, Markus: Die Stellschraube der zweiten Inlandsumsatzschwelle in der Fusionskontrolle, Klose, Tobias/Klusmann, Martin/Thomas, Stefan (Hrsg.), Festschrift für Gerhard Wiedemann (2020), S. 564–576 (zitiert als: *Wagemann* in FS Wiedemann, S.).

Wiedemann, Gerhard: Handbuch des Kartellrechts, 4. Auflage 2020 (zitiert als: *Bearbeiter* in Wiedemann, Kartellrecht, §, Rn.).

Wollmann, Thomas G: Anticompetitive deals whose individual size enables them to escape regulatory scrutiny but whose cumulative effect is large, American Economic Review: Insights, 1(1), S. 77–94.